秋田の
湯沢・雄勝弁あれこれ

根本俊夫

まえがき

だんだん日常語でなくなっていく故郷の言葉が懐かしくなって、記録しておきたくなりました。本稿は、平成十年の頃から書き溜めておいた「秋田弁あれこれ（私家版）」に加筆、修正の上、湯沢・雄勝弁に特化して、「湯沢・雄勝弁あれこれ」として整理したものです。方言は、そこに住む人々の心を包み込み、その生活に深く結びついています。載録した単語や語句は、筆者の年代（昭和十七年生れ）では普通に使用していたものがほとんどですが、今では死語に近くなったものが多々あります。執筆中に語源をたどっていくと、古語あるいは、京や江戸の言葉にその起源があることもあり、湯沢・雄勝弁の面白さが湧いてきました。しかし、秋田弁に関する著書は多々あるものの、湯沢・雄勝弁に関するまとまった資料や著書が見当たりません。それを記録しておくことは重要であると考え、あえて湯沢・雄勝弁に特化して、「方言の辞書風読み物」としてまとめてみました。

本稿が、地元の方々にとって、地方語としての湯沢・雄勝弁の面白さを再認識していただくと同時に、域外から湯沢・雄勝に来られた方にとっては、日常会話の一助にしていただければ幸いです。

また、私は高校を卒業して以来四十三年間、湯沢を留守にしており、このエリアに限った独特の言葉ではないものも含まれているかも知れません。小生のような理系人間が、このような文系書を書くことについては、大きな不安が付きまといます。まず、大切な言語学的考察をするには、独りでは能力と時間が足りませんでした。また、品詞分類や表記・解釈の不適や誤りがありましたら、ご教示くださればありがたいです。本稿に記載した湯沢・雄勝弁の単語や語句はおよそ二、〇〇〇の項目ですが、筆者のメモに加え、知人のご協力と、別掲の参考図書からの引用もあります。この方々に改めてお礼を申し上げます。また、本稿の刊行にあたり背中を押してくれた友人、発行を引き受けてくださったイズミヤ出版様、ならびにご協力いただいたＮＰＯ法人サポートセンター・ビーイングの皆様に対して深甚なる謝意を表します。

また、表紙の絵は、編者の湯沢中学校時代の恩師で、新制作協会の画伯・伊藤康夫先生が本稿のために描いてくださったものです。感謝にたえません。

平成三十年六月一日

喜寿を迎えて　根本俊夫

【凡例】

1、秋田県南の内陸エリアは、およそ仙北（大仙市、仙北市、仙北郡）・平鹿（横手市）・雄勝（湯沢市・雄勝郡）とされ、共通部分が多いですが、違いも結構あります。筆者が湯沢在住なので、湯沢市・雄勝郡の言葉が主体となっています。

2、見出し項目の後には、漢字表現、品詞、標準語訳、解説、用例、類似語、語源、引用文献ならびに関連語（↓付き）を示しました。

3、品詞の表示は、名詞、動詞など明らかなものは記入しません。その他の品詞は、分るものだけは記入し、品詞以外の擬態語、擬音語や幼児語は、できるだけ記入しました。二つ以上の文節が一まとまりになった慣用句は【句】としました（例えば、「こちぎで・ね」「だじゃぐ・こぐ」）。一方、二つ以上の単語が連結して一語化しているものは一つの名詞として扱いました。従って、文法上の厳密な区分はなされていませんが、ある程度、語句の理解の一助にはなると思います。

4、実際の発音に近づけるために小文字を多用しました。アクセント（高低も強弱も）をつけたいところには傍線を付しました。また、鼻濁音でなければならない音節には注記しました。それでも、発音やアクセントを正確に文字で表現することはできませんでした。

5、身体的、精神的な特徴を揶揄するような言葉、あるいは卑俗・卑猥な言葉は取り上げませんでした。

【あ】

あいごぎ （植物） あいこ。 ※標準名は、深山に生え、刺（トゲ）で刺すことからミヤマイラクサ（深山刺草）といい、特徴は茎に刺があること。若芽は山菜として食用。苦みも癖もなく美味。

あいどり【相取り】 →やどり

あうぇに →あやに

あおのろし （ヘビ） 青大将。 ※背面が青みがかった色をしている。「あおのおろち（青の大蛇）」に由来する。日本で最大の蛇であるため（二ｍにもなる）、蛇の中の長として「青い蛇の大将」とした。無毒。ネズミ、鶏卵などを捕食。東北一円で通用。

あおびっき （カエル） あまがえる（雨蛙）。 ※四肢の各指端に吸盤をもち、樹上に登る。周囲の状態により体色変化。

あおらあおらで 『形容詞・擬態語』 衰弱している様。弱って顔色が悪い様。

あがし・あがしこ 灯火。あかり。「暗ぐなたがら、あがしこつけれ」（暗くなったから、あかりをつけなさい）

あがってたんしぇ 『句』 ①（客人を迎えての口上）部屋に上がってください。→「あがる」⑥、②（茶菓、料理を）召し上がってください。「が」は鼻濁音。→「あがる」⑤、たんしぇ

あがはら【赤腹】 ①（身体）赤痢。 ※三百年余り前（元禄年間）の文献に「赤腹とは痢病のこと」とある〈大辞典〉。湯沢・雄勝に古語が残っていた。②（両生類）いもり

あがびっき・あずぎびっき （カエル） あかがえる。 ※背中が赤褐色（あずき色）、すなわち黒みを帯びた赤色のかえる。体長五〜七㎝で、平地や山間の湿地に

棲息。東成瀬村では「あずぎとぎ」という。

あがめ【赤目】（身体）興奮して血走った目。

あがめはだげる【赤目開-はだ-ける】〖句〗①血眼-ちまなこ-になる。意地を張る。よく目を開く。一所懸命になる。「あれだば、あがめはだげで頑張る」（あの人は、意地になって頑張る）、「あがめはだげで、よぐ見れ」（目をしっかりと開けて、よく見ろ）②軽蔑する。目をあかんべいにしてばかにする。

あがめはる【赤目張る】〖句〗→あがめはだげる

あがめろ【赤めろ】①（身体）火傷や凍傷で皮膚が赤くただれていること。皮膚が剥げて、赤くメロメロした状態。※「あがたぐれ」「あがむぐれ」などともいう。②（魚介類）アカザ。※「アカナマズ」ともいう。水深のある瀬の礫底（れきてい）部に生息する淡水魚。雄物川の上・中流部に分布。体色はやや赤色で、十cm前後に生長する。背びれと胸びれに毒棘を持つ〈秋田の淡水魚〉。→がばち

あがりたで・あがりっぱ【上がり立て・上がりっ端】（住）玄関の上がり台。土間から部屋または廊下へのあがり口。「が」は鼻濁音。→とのぐち、はどめぁ、ひゃりぐち

あがりっぱ →あがりたで

あがる【上がる】①足で踏む。「犬のフンさ、あがてしまた」（犬のフンを、踏んでしまった）②仕事を終えて帰宅する。「さ、くりゃぐなたがら、あがろが」（さあ、暗くなったから、仕事をやめて帰ろうか）③学校から帰る。「学校がらあがて、遊んでだ」（学校から帰って、遊んでいた）④学校を卒業する。「去年、学校あがて、東京で働いでる」（去年、学校を卒業して、東京で働いている）⑤召し上がる。※「食べる」「飲む」「吸う」の尊敬語。⑥室内に入

る。※そのほかに「あがる」には多様な意味があるが、ここでは地方語に関わりそうな項目だけ取り上げた。
「が」は鼻濁音。

あきさか（自然）初秋。秋の初め頃。

あぎねぇ ①【商い】商売。②【飽きない】飽きない。

あぎゃ・あぎ【赤い】〖形容詞〗赤い。

あぎゃいしょ【赤い衣装】（衣類）女の子の晴れ着。よそゆき。新しい衣裳。※「赤い」は、「赤いべべ着たかわいい人形」と歌われるように、「きれい」「美しい」という意味がある〈大辞典〉。ただし、湯沢・雄勝では「新しい衣裳」という意味にも使われる。「あぎゃきもの」にほゞ同じ。あゝややこしい。→かか

あぎゃきもの【赤い着物】（衣類）きれいな着物。かわいい着物。

あぎゃまま【赤い飯】（食品）赤飯。→あずぎまま、こわい、ふかし

あぎれぎゃる【呆れ返る】〖句〗甚だしくあきれる。あきれて言いようがない。※「呆れる」を強めていう語。

あぐ【灰】物の焼き尽くした後に残る粉末。はい。
※「灰汁－あく－」ではない。

あくせん・はくしぇん（動作）くしゃみ。※くしゃみの音を、そのままくしゃみの呼び名にしたもの〈秋田のことば〉。

あぐでぁ【悪態】悪口。

あぐど【踵】（身体）かかと。かがと。※「日葡辞書」にポルトガル語Aguto（アグト）の訳は「馬の足のくびれた部分」とある〈大辞典〉。語源としては他に諸説あるが、ここではこの説を採る。

あぐとし【灰通し】（道具）灰のごみを取る金網の道具。※囲炉裏や線香立ての、灰以外の混在物を除去

する。

あげじ『秋津』（昆虫）あかとんぼ（赤蜻蛉）。※種名ではない。トンボのうち腹部が赤色、橙色、黄色などのものの俗称。代表的なものはアキアカネ、ナツアカネ、ミヤマアカネなど。

あげもす【上げ申す】『句』①差し上げる。（仏壇や墓前に）供える。②おだて上げる。崇め奉る。「げ」は鼻濁音。※「上げる」に「言う」の謙譲語「申す」を付したもの。

あげる【揚げる】嘔吐する。「げ」は鼻濁音。↓あます①、ほぎだす、こまもの

あこ【彼処-あそこ-】『代名詞』あそこ。（西馬音内盆踊り地口より）〽あこ行（え）ぐあねさんこうなるからにはよっぽど金ァかがた　ハアソレソレ　上から下まで膏薬（こうやく）だらけで麝香（じゃこう）の匂いァする

あこあだり・あこなだり【彼処-あそこ-辺り】あそこらへん。

あごつりみぢ（自然）足跡がわかる程度の雪道。※アゴは「歩幅・歩み」の意。ツリは「吊り上げる・持ち上げる」の意。従って「あごつりみち」は、雪が積もった道で、前に辛うじて片足ずつ歩を運んだ人の足跡が、ぽつんぽつんとついているのをいう〈語源探究〉。

あこなえ【彼処-あそこ-の家】あそこの家。

あさおれ【朝降り】早出の仕事。朝食後の就業。※「おれ」は「おり」の転で、「降りる」（家から野良仕事にでかける）という意。↓はがおれ、でだち

あさしらげ【朝白げ】（植物）ハコベ。※繁縷（はこべ）はナデシコ科の多年草。春の七草の一つ。江戸時代、歯みがき、歯ブラシなどなかったころ、ハコベを煎って塩を混ぜて、それで歯をみがいたということか

ら「朝白げ」という〈語源探究〉。「げ」は鼻濁音。

あさねこぎ【朝寝こき】朝寝坊。

あさま【朝間】朝。早朝。※東北地方だけでなく関西から九州地方でも使われる。

あじうり【味瓜】（植物）まくわ瓜。※メロンに取って代わられて、近頃見かけなくなった。まくわ瓜は岐阜県真桑地区特産のメロンの一種で、いまでも生産されている〈広辞苑〉。

あじがう【扱う】よく育てる。看護する。飼育する。

あじがう【預かる】引き受けて保管する（保管させる）。世話を任せられる（任せる）。※前項とアクセントの違いで意味が違ってくる。

あじだす【案じ出す】思い出す。

あしのへら【足の鉇-へら-】（身体）足の甲。※由利地方では、逆に「足の裏・足の底」をいう。

あしぶ【遊ぶ】遊ぶ。

あじもそっけもね【味も塩気もない】〘句〙（料理の）味が薄くてまずい。

あじゃらける【戯-あじゃら-ける】ふざける。たわむれる。おどける。「あのわらしたぢ、あじゃらけでばりいる」（あの子供たちは、ふざけてばかりいる）

あずぎでっち【小豆丁稚】（食品）羊かん風のもち菓子。※関西風の「でっち羊かん」にちなんで命名したものらしい。蒸かしたもち米と小豆の粒餡（つぶあん）に、砂糖と塩を加えて混ぜたもの。空気抜きかねて、バットなどの型に入れて、何度も上からたたき落として、適度な固さにする。秋田県南の「道の駅十文字」で売っているが、古来、東成瀬村など県南地域では各家々でお茶うけに作っていたという。→でっち

あずぎまま【小豆飯】（食品）赤飯。→あぎゃまま、こわい、ふかし

あずぎもぢ【小豆餅】（食品）しるこ。おはぎ。

あずらぐ・あずらえる【預かる】 →あじがう

あたー『感動詞』（失敗したときなど）しまった。まずい。 →さい、さっさ

あだくた『副詞』あわてる様。「汽車時間だどて、あだくたど行ってしまた」（汽車時間が迫っていたので、どさくさと行ってしまった）

あだこだ『副詞』あれこれ。つべこべ。※あれこれと抗弁したり、理屈を言ったりするのに使う。

あただ『連体詞』あんな。「あただおの」（あんなもの。あんな奴。） →あちきた

あだらしや【新し屋】分家。※本来は、新しく造った家、という意。

あだりなおし（身体）中風の再発。 →あたる③、ちゅぎあだる

あだりほどり【辺り辺り】そこいら辺。周辺。周囲。
※「辺」は「あたり」とも「ほとり」とも読む。

あだりめぁ【当たり前】『形容動詞』当然。

あだる ①【当たる】（火鉢や日光などで）あたたまる。②【中たる】（食べ物の毒気などによって）体を損なう。③【中たる】脳卒中（中風・中気）にかかる。※湯沢・雄勝ではこれを「ちゅぎあだる」という。

あちぎた・あただ『連体詞』あんな。あのような。「ぎ」は鼻濁音。「あちきたおの」（あんなもの。くだらないもの。あんな奴。）※指示するもの（修飾される体言）を罵倒する意味が含まれ、物や人に対して、侮蔑的な言い方になる。 →あただ、こちぎた、そちぎた

あちこど・あじこど →あんちこど

あちゃ【彼方-あっち-へ】『副詞』あっちへ。あちらへ。 →こちゃ

あっつぁ 姉さん。

あでぁ【当・宛・値】①『接尾語』（ある金額に相当する意。）分（ぶん）。「この買い物、みなでなんぼあでぁだべ」（この買い物は、全部でいくらですか）、「あこの菓子屋さえて、菓子五百円あでぁ買ってきてけれ」（あそこの菓子屋に行って、菓子五百円分買ってきてくれ）②価値。値打ち。甲斐。「これだけの仕事するごたば、たぎゃ金はらたて、あでぁある」（これだけの仕事をするのなら、高い金払う価値がある）③見込み。見当。「東京さいぐっていうども、仕事見つかる、あでぁあるなだが」（東京へ行くと言うけれど、仕事見つかる、見込みあるの？）

あてぎぶち【当木縁】（住）いろりの縁。炉ぶち。「ぎ」は鼻濁音。

あでこ【当て子】（衣類）①子どもの腹掛け。②仕事をするときの前掛け。

あどえでゃー『句』もういいよ。もう十分だ。

あどかが【後嬶-かか-】後妻。後添い。→いまかが

あどする 後を追う。

あどば『接続詞』それなら。

あどふぎ【後拭き】（婚礼や法事などの行事が終わった後に、残った料理で、手伝ってくれた人たちでやる）慰労のお膳。※宴会の残り物を「拭き取る」ことから。→ごでぁぎぶるみゃ

あね・あねこ【姉】①姉。姉さん。②娘。※女性または嫁を親しんでいう言い方にもなる。「姐御-あねご-」はまた別の意味で、ヤクザの親分の妻または女親分を敬って呼ぶ語。

あねこむし（昆虫）クサギカメムシ（臭木亀虫）。※カメムシ科に属する昆虫。へくさむし、くさがめ、へっぴりむし、なども言われ、触れると猛烈な悪臭を放つ。クサギ（臭木）はシソ科の落葉小木で、葉に悪臭がある。このカメムシの悪臭を出す性質が、クサ

ギに似ることからクサギカメムシと言われるようになった。「あねこ虫」とは、昔の女郎衆が使っていた脂粉の強烈なにおいになぞらえて名付けられた〈再考〉。しかしいくら厚化粧してもこんな臭いはすまい。「あねこ虫」などと言われては、湯沢・雄勝の姉コにとってはなはだ迷惑な話。イネカメムシ、クロカメムシは植物の液を吸うので、農作物に有害。

あねさん　お嬢さん。良家の若奥さん。

あねつぁ　良家の嫁。嫁さん。

あのしゃ・あのしぇ・あのな・あのよー〖感動詞〗あのねえ。※人にものを話しかけるときの語。また、次の言葉へのつなぎとして用いる。

あのんしよ〖感動詞〗あのですね。※「あのしゃ」（あのね）の丁寧な形。相手に話しかける時に注意を向けさせたり、話の間を作ったりするのに用いる〈広辞苑〉。

あば【阿母】母さん。女房。主婦。→おが、おど

あばげる【甘ける】ふざける。おどける。※「甘える」と「ふざける」の混交語の「あまける」の転化であろう〈語源探究〉。→あらげる

あばじぎ・あばづぎ【甘付き】①甘えん坊。「おらえの孫だば、あばじぎだ」※動詞形は「あばづぐ」で、「甘える」となる。→のさばりこ　②（植物）衣服にくっつく草の実（アメリカセンダングサの実など）。※「アメリカセンダングサ」（アメリカ栴檀草）はキク科の一年草で、北米原産の帰化植物〈広辞苑〉。

あばずぐ　①甘える。②いちゃつく。※「あばじぎ」の動詞形。これは「あば（母）につく」からか。

あびゃしぎ【塩梅式】具合のほど。様子。状態。

あぶらっこ【油子】（魚介類）①ホッケ（𩸽）。※アイナメ科ホッケ亜科に属する冷水性の海水魚。淡水魚のアイナメと近縁。成長に従って、アオボッケ、ロウ

ソクボッケ、マボッケ、ネボッケと呼び方が変わる。→しょあぶらっこ　②アイナメ（鮎魚女、鮎並）。→しんじょう

あぶらっぺ（魚介類）アブラハヤ（油鮠）。※「ハヤ」はコイ目コイ科に属する淡水魚で、関東地方ではウグイ、関西地方ではオイカワなどの川魚を言う。学問上の名称ではない。「はや」には、習性、体色、生息場所などの特徴を冠した呼び名が数十種にも達し、「アブラハヤ」はその一つ。「アブラハヤ」は、ヤマメ、ウグイ、オイカワに対しては、食物獲得競争では常に弱者で、共存地では川岸などの条件の悪い方に集中している〈ニッポニカ〉。「あぶらっぺ」は、上流の流れの緩やかな所に棲息し、食するとにがいので「にがっぺ」ともいう。湯沢では、裏門から湯の原に流れる鉦打沢川でも捕れる。→くぎざっこ、つぎざっこ、はりざっこ

あぶる　①泳ぐ。水泳をする。「あちがら、水あぶりにいがねが」（暑いから、水泳に行こう）②湯・水などを体にかぶる。浴びる。※アクセントは平坦。

あぶる【焙-あぶ-る】①（海苔やスルメなど）食べ物をちょっと焼く。②（火鉢やストーブなどで）手を温める。※普通の国語辞典に載っているので方言ではないが、前項の「あぶる」とアクセントの違いで意味も変ることを示した。

あべ　行こう。歩こう。一緒に来い。「おらえさ、あべ」（俺の家に、行こう）※北海道から東北、関東地方まで分布。同輩または目下の者に「一緒に来い」と要求し、「一緒に行こう」と誘いかける場合に用いる。いずれにしても同行を求める表現である〈語源探究〉。

あべえ・あんべえ【塩梅がいい】〘形容詞〙ちょうどよい。うまい具合だ。

あぼっけね〘形容詞〙あどけない。無邪気だ。※

「ド」が「ボ」に転化か。「あのわらし子ぁ、あぼっけねツラこしてる」（あの子はあどけないかおをしている）

あまえこ【甘湯】（食品）甘酒。※あまい『形容詞』の終止形の名詞化。甘いものの意から甘酒となったもの。コは指小辞。

あます【余す】①嘔吐する。もどす。「船で酔って、あました」（船で酔って、吐いた）※食べたものを口から吐くことをいう。↓あげる、ほぎだす　②残す。「ごっつぉうを、あました」（ご馳走を、食べ残した）※余計なものをもてあますことをいった「余す」が、意味変化したものか〈秋田のことば〉。

あまひこ【雨彦】（衣類）雨具。防寒具の頭巾（ずきん）。フード。

あまま・あまままさん『幼児語』仏様。神様。※「南無阿弥陀仏」という念仏をまねた言葉であろう。南秋から県南にかけて広く分布〈秋田のことば〉。

あまゆぎ【雨雪】（自然）雨の混じった水分の多い雪。※「みぞれ」とほぼ同義

あめふりばな【雨降花】（植物）ひるがお。

あめる【饐-あめ-る】すえる。くさる。（食べ物が）腐敗して酸っぱい匂いがする。（飯や煮物が）腐敗してぬるぬるした状態になる。「今朝炊いた飯、もうあめだ」（今朝炊いたご飯が、もう酸っぱい匂いがする）、※語源説は、①アマエルの古語アマユが転じて、食べ物が甘酸っぱい匂いを発して腐敗していくことに言うようになたった〈秋田のことば〉、②アメ（豆汁）を動詞に使った〈大辞典〉、等。↓しれる

あやー『感嘆詞』あら。まあ。※平坦に発音する。単独でも使うが、「あやーしかだね」（まあ、かわいそう）というふうに使うことが多い。県内でも他地域では「あえー」という風に「え」にアクセントを付ける。

あやつける ①恰好つける。②ちょっと追加する。

あやに・あうぇに 『副詞』たまに。まれに。時々。「あやに、遊びに来い」（たまには、遊びに来いよ）

あらげる 【荒げる】あばれる。乱暴する。興奮して怒る。当たり散らす。「あの男は、さげくしゃ悪くて、飲めば必ずあらげる」（あの人は、酒癖悪くて、飲めば必ず暴れる）→あばげる

あらね・あらねっこ 【霰-あられ-】①（自然）あられ。②（食品）あられ餅。※細かく切った餅を乾燥したもの。

ありったげ・ありたげさっぽう 【有りだけ精一杯】『句』あるもの全部。一切。精一杯。「滅多に来ね人来たがら、ありたげさっぽうもでなしてける」（滅多に来ない人が来たんだから、精一杯もてなしてやる）

ありゃざりや 【洗い浚い】『句』『副詞』残らず全部。すっかり。※「あらいざらい」が、湯沢・雄勝ではこんなに訛ってしまった。

ありゃしめし・されしめし 『句』あるまいし。…はずがない。※動詞または動詞型活用の助動詞に付いて、強い否定による理由付けをして接続する。「過ぎでしまたごど、どうしようもされしめし、別の機会に出直しするしかねぁ」（過ぎてしまったことは、どうしようもあるまいし、別の機会に出直しするしかない）〈本荘ことば〉。

あれしぎで 『句』あの方法で。あの程度で。

あわくう 【泡を食う】焦る。驚き慌てる。ひどく慌てる。

あわだぐ 【慌てる】うろたえる。ひどく急ぐ。ひどく慌てる。※「あわてる」と「うるだぐ」の混交語であろう〈語源探究〉。「地震きたたて、あわだぐな」（地震きても、あわてるな）→うるだぐ。どしめがす

あわゆぎ 【淡雪】（自然）春になって気温が上がって

から降る雪。※水分が多くて地面に降りつく途中で消えてしまう、淡い、はかない雪だ。

あんこ ①兄さん ②下男。使用人。※「あにこ」が母音欠落で「あんこ」になったと考えられ、本来は「兄」である。そこからいろんな意味に使われるようになったようだ。〈西馬音内盆踊り地口より〉〽隣の嬢ッコ鶴舞公園さつづじコ見に行った　ハアソレソレ　どごがのあんこに袂（たもと）コ引張られお顔も赤つづじ

あんさん ①兄さん。②長男に対する尊称。③若主人。上流家庭の男子に対する尊称〈本荘ことば〉。→あんちゃめ、あんつぁ〈西馬音内盆踊り地口より〉〽あんさんあんさん嫁ことるなら俺ぁどご貰たんせ　ハアソレソレ　踊りも踊るし唄コも唄うしお産も軽いがら

あんだおの・あただおの あんなもの。あんな（わけのわからない）人。※「あんな」が「あんた」になり、「だ」を続けて付けて強調した。「あんただおの、なげでしまえ」（あんな物、捨ててしまえ）、「あんただおの、あでにすな」（あんな者を、相手にするな）

あんたに・あたに〔副詞〕あんなに。「あんたにえっぺもらって、ありがど」（あんなにたくさんもらって、ありがとう）→こんたに

あんちこど・あじこど【案じ事】 心配ごと。考えごと。

あんちゃめ 長男の尊称。→あんさん、あんつぁ

あんつぁ 良家の総領。長男。若い男。→あんさん、あんちゃめ、おんちゃ

あんび・あんびん【餡餅】（食品）餡この入ったもち。大福もち。※「あん」は「餡」の唐音で、餅やまんじゅうの中に詰めるものの意。肉でも野菜でも何

でもいい訳で、小豆に砂糖を入れたものが今でいう「あんこ」である。餃子でもシュウマイでも、中に包み入れる調理したひき肉・野菜などを「あん」という。葛（くず）を入れてとろみをつけた葛餡（くずあん）をかければ「餡かけ料理」となる。

あんべぇ →あべえ

あんべみる【塩梅を見る】〖句〗①味の具合を見る。「料理のあんべみる」②試してみる。「あんべみに、やってみれ」

【い】

いあべに・いやべに・えぁびゃに・やぁべに【好い塩梅に】〖句〗〖副詞〗いいあんばいに、適当に。要領よく。「あどは、いあべにやっておいでけれ」（あとは、適当にやっておいてくれ）、「この箱、ながながいあべに、こしゃえである」（この箱は、なかなかうまく、こしらえてある）

いがいがじ〖形容詞・擬態語〗いがらっぽい感じ。「が」は鼻濁音。→えかえかじ、えどぇ

いぎしめぁに〖句〗〖副詞〗行きがけに。行くついでに。

いさばや【五十集屋】さかな屋。魚の行商人。※「五十集（いさば）」は漁場、転じて魚市場、魚の行商人。その語源については諸説あり、その一つに「磯魚場（イソナバ）」からだとする説あり。それに「屋」を付けた「五十集屋（いさばや）」は、干物（ひもの）、塩物（しおもの）などを売る店。或いは魚市場の仲買人、魚問屋も含まれる〈大辞典〉。湯沢・雄勝では町のさかな屋、魚の行商人を指す。

いだじぎ【板敷き】（住）板の間。床板。

いだまし【傷ましい・痛ましい】〖形容詞〗①惜しい。もったいない。大切だ。「この着物、いだましがら

取っておぐ」（この着物、もったいないのでしまってお
く）②気の毒だ。ふびんだ。「あの人が死んだて
が、いだましごどしたな」（あの人が死んだって？気の
毒だなあ）

いだめった・いだみった ①大切な。貴重な。立
派な。「いだめったものかしてもらて、ありがど」
（貴重なもの貸してもらって、ありがとう）②惜し
い。もったいない。「（器物を壊したときなど）い
だめったごどした」（もったいないことした）〈語源探
究〉。

いづがかづが【何時か】〘副詞〙いつかはきっと。
※「いつか」の強調形。

いっかだ・えっかだ・えっしぎ【一方・幾方】〘副
詞〙いつも。毎度。しょっちゅう。※「方」には
「頃、時分」という意味あり（「夕方・明け方」など）、
字義としては「幾方」の方がしっくりする。「おらえ
さ　いっかだ来る」（我が家に、しょっちゅう来る）

いっちに【一-いっち-に】〘副詞〙とっくに。※「いっ
ち」は一（いち）を強調して発音したもので、「もの
の程度や状態が最も甚だしいさま。第一。最も。いち
ばん。」という意〈大辞典〉。「いっちのむがしに」は
「とっくの昔に」の意になる。

いっちょまえ【一丁前】一人前（いちにんまえ）。お
となとして扱われること。人並みに技芸を習得
したこと〈広辞苑〉。※この言葉は全国区だが、方
言っぽいので入れた。「いっちょまえの口きぐな！」

いっつぎ【何時も】〘副詞〙いつもいつも。※「いつ
も」を強めた言い方。

いづのこまに【何時の小間に】〘副詞〙いつのまにか。

いでぐする 怪我をする。

いどど〘副詞〙いたって。もともと。せっかく。た
いそう。「いどどじぇんこねぇくせして、ブランド

ものばり買う人だ」（もともとお金ないくせして、ブランドものばかり買う人だ）

いなづぎゃ →えなづぎゃ

いひゃもぢ【位牌持ち】喪主。跡取り。※葬列で喪主が位牌を持つことから。

いまかが【今嚊《かか》】後妻。まま母。→あどかが

いまてで【今父】後添えの夫。

いもがら【芋茎】（植物）サトイモの茎。芋茎（ずいき）。

いものご・えものご【芋の子】（植物）サトイモ（里芋）。※里芋は、普通、大きな親芋に生じた子芋を食用とする。親芋は固くてあまりうまくないが、子芋は柔らかく、ねばっこくておいしい。

いやしぃ【卑しい・賤しい】『形容詞』意地汚い。※食べ物や金銭に対する欲望がむき出しの人に使う。こういう人、身近にいない？

いやべに →いあべに

いらねごど・えぎゃだごど・よぎゃだごど 余計なこと。「あの人だば、いらねごどばり、しゃべる」（あの人ったら、余計なことばかりしゃべる）

いれみず【入れ水】（住）沢水を台所の流しに引くこと。また、その水槽。

いわげる・ゆわげる【言い分ける】①事情を説明して、失敗などの弁解をする。②過失や罪をわびる。謝罪する。「ガラス割ったてが、いわげでこい」（ガラスを割ったって？謝ってきなさい）

いわしばな【鰯花】（植物）①タニウツギ（谷卯木・谷空木）の花。※スイカズラ科の落葉低木。北海道と本州の日本海側山地に生える。樹高二～三m。鰯の獲れる時季に咲く花から名付けられたと言われるが、イワシは秋の季語。この花が咲くのは初夏。この言葉の県内分布は仙北、平鹿、雄勝、由利。②ハコネウ

ツギ（箱根卯木・箱根空木）の花。※これもスイカズラ科の落葉低木。各地の海岸に自生。樹高二〜五m。箱根に多く産したと誤認して付けられた名だが、箱根には自生していない。平鹿ではこの「ハコネウツギ」も「いわしばば」という〈語源探究〉。

【う】

うかちか・うちかかち『副詞・擬態語』うっかり。※注意散漫、軽率な様をあらわす「うかうか」「うっかり」と共通する擬態語〈秋田のことば〉。「うかちかして、べじのどさえてしまた」（うっかりして、違うところに行ってしまった）

うがれみる【浮れ見る】よそ見する。

うがれる【浮れる】ぼんやりする。うっかりする。

うがれで【浮れて】『副詞』うっかりして。「うがれで、忘れでしまった」（うっかりして、忘れてしまった）

うしょたがれ　潔癖すぎる人。※潔癖は潔病（けっぺい）ともいい、少しの不潔をもきらう性癖なので、度が過ぎると絶えず神経を痛め心が晴々しない表情になる。この「鬱症（うっしょう）」からの転化か。この語は、湯沢・雄勝で使われるほか、ずっと飛んで徳島・香川で使われている（「うっしょうやみ」）珍しい語〈語源探究〉。

うしろがっけ・うしろでっけ（身体）後頭部。後頭部が普通以上に出ていること。また、その人。※「がっけ」は「ひたい・おでこ」のことだから、「後ろのがっけ」はまさに「後頭部」だ。

うずぐ・うじぐ【疼く】①しくしく痛む。②空騒ぎする。ふざける。はしゃぐ。※「疼く」は「うずうず」と何かことをしたくて落ち着かない、じっとしていられない気持ちから行動に転じて、このような意となったのであろう〈語源探究〉。「自習時間に、う

ずがねようにな」（自習時間に、騒がないようにね）

うすべり【薄縁】（住）畳の上敷き。※これは方言でもなさそう。

うすゆぎ【薄雪】（自然）少しばかり降り積もった雪。

うそこぎ・うそまげ　嘘つき。※北秋・南秋・河辺・仙北・平鹿あたりでは「ばしこぎ」とも言う〈秋田のことば〉。→うそこぐ、うそまげる

うそこぐ【嘘放-こ-く】嘘をつく。※「こく」は、小言をぬかす、ぬけぬけとほざく、などそれぞれにニュアンスの違いはあるが、いずれも「言う」「しゃべる」の卑俗言。「こく」の例をあげると、「しぇやみこぐ」「ええっふりこぐ」など。→うそまげる

うそっこ　→ほんとっこ、わしらっこ

うそまげる【嘘撒ける】嘘をつく。※水などをこぼす意の「撒ける」と同じ項目に「うそまける」が載っているから〈大辞典〉、「うそこく」よりも嘘を広範囲にまき散らすニュアンスがうかがえる。青森県、岩手県でも通用。→うそこぐ

うだで【転-うた-てい】〘形容詞〙①嫌だ。わずらわしい。うっとうしい。「あれにそばさいられるど、うっとううだでくてよ」（あの人にそばにいられると、うっとうしいんだよ）②気が進まない。億劫だ。気が重い。「この仕事だば、うだでな」（この仕事は、面倒だな）③恐ろしい。気味が悪い。悲惨だ。「昨日の自動車事故だば、うだでくて見でられねがた」（昨日の自動車事故は、悲惨で見ていられなかった）

うちかぱじ〘形容詞〙落ち着きがない。そそっかしい。「おらえのアネコだば、うちかぱじくて困ったもんだ」（うちの娘は、そそっかしくて困ったもんだ）

うちゃうちゃで〘形容詞・擬態語〙うみが出ている様。「この傷、うちゃうちゃでぐなてきた」（この傷、膿が出てきた）

うまこ【水馬-すいば-】（昆虫）アメンボの俗称。※カメムシ目アメンボ科。水上に浮いて滑走する。みずすまし（水澄まし）のことを指すこともあるが、ミズスマシ（ミズスマシ科）とは別群のもの。

うめ・うめぇ『形容詞』①【旨い・美味-うまーい】おいしい。②【上手い】じょうずだ。

うめぁおの・んめぉの【美味-うまーいもの】おいしいもの。お菓子。※次の例文が分かれば湯沢・雄勝弁一級。「このうめぁおの、なんだて、うめぁぐねうめぁおのだ」（このお菓子、なんとも、おいしくないお菓子だ）

うめる【埋める】（水を加えてお湯を）ぬるくする。また、水を温かくするために湯を加える。

うらあみゃ『形容詞』少し甘い。こころもち甘い。ちょっと塩気が足りない。※ウラ（あるいはウル）は「少し」「何となく」「どことなく」という意の接頭語。「この煮物っこ、うらあみゃな」（この煮物、ちょっと塩気が足りないね）→きじょっぺ、しょっぺ

うらからど・ぶらからど『副詞』何もせずにいる様。ぶらぶらと。

うらっこ【末-うら-】（植物）木の梢（こずえ）。※末（うら）は「上端」「先端」という意味をもつから、梢（こずえ）も同じ。末生（うらなり）、末葉（うらば）、末殺（うらごけ）、末枯（うらがれ）など、類語多数あり〈広辞苑〉。

うるうるで『形容詞・擬態語』めまいがするような様。目がくらむような様。涙目でぼやける様。困ったことやいやなことで頭が混乱するような様。→まぐまぐで、へらへらで

うるがす【潤かす】①水に浸して水分を吸収させる。②いいかげんにする。放っておく。

うるげる【潤ける】ふやける。

うるしゃ・うるせ【五月蝿い】『形容詞』うるさい。騒がしい。「人話してるどぎ、うるしゃぐすんな」（人が話をしているとき、うるさくするな）→しょわしね

うるだぐ【狼狽‐うろた‐える】うろたえる。慌てる。急ぐ。せく。「そただごどで、うるだぐな」（そんなことで、あわてるな）→あわだぐ、どしめがす

うるめご・うるみこ【麗目子】（魚介類）メダカ。※ウルメイワシ（麗目鰯）と同様、目が大きく突き出して麗しいからか。→はりみず

うんか・んか『形容動詞』いやだ。「えってけれど言われでも、うんか」（行ってくれと言われても、嫌だ）→やんか、うんた

うんきみる　様子をみる。

うんた・んた『形容動詞』いやだ。「たのまれだたて、うんた」（頼まれても、嫌だ）→やんか、うんか

うんどうば【運動場】うんどうじょう。グラウンド。

うんとて『副詞』力を込めて。一所懸命に。がんばって。※「うんとて」は、「うん」と言って、という意で、「うん」を強めたもの。「うんとて頑張れば、合格するぞ」（一所懸命頑張れば、合格するよ）〈西馬音内盆踊り地口より〉〽酒コはよいもの　不景気か景気　泣き面笑い顔　ハアソレソレ　うんとて飲んで皆出て踊れ　へべれけすとどこどん

【え】

え　①【家】（住）いえ。②【良い】よい。「えさ来い」（家に来い）、「こりゃえもんだ」（こりゃいいもんだ）、「あの人は、え（良い）え（家）の生まれだ」（あの人は、よい家柄の生まれだ）

えぁべゃに　→いあべに

えぁんて『原因・理由の接続助詞』ので。「雨降るえぁ

んて」（雨が降るので）

ええふりこぎ【好い振りこき】見栄っ張り。いい格好したがり。「あの男だば、ええふりこぎだ」※「ええかっこし」は関西弁？〈大講座〉。

えが【良いか】〖句〗①いいか。大丈夫か。②いらないか。※「か」は疑問または問いかけの意を表す終助詞。

えかえかじ〖形容詞・擬態語〗のどがいらいらして不快な様。「なんだが、のど、えかえかじなや」（なんだか、のどが、ちくちくして嫌な感じだ）→いがいがじ、えどぇ

えがったぎゃ〖句〗①良かったですか。「今日の映画、えがったぎゃ」（今日の映画は、面白かったですか）②いりませんか。「やしゃおの、えがったぎゃ」（野菜売りの行商の口上、「野菜いりませんか」）※「ぎゃ」は、動詞などに付けて、問いかけの丁寧語にする。→ぎゃ

えがべ・えべ〖句〗いいだろう。「おがだぢ雨だがら、もうびゃっこたでば小降りになるべがら、そのじぎ帰ったてえがべ」（雷雨だから、もう少したてば小降りになろうから、その時に帰ったらいい）

えがばる すねる。→むぐれる、むちける

えかまかど〖副詞・擬態語〗うまく歩けない様子。よちよちと。よらよらと。よたよたと。※〖形容詞〗は「えかまかじ」となる。足もとがおぼつかなく歩く様。例えば、老人が腰をまげて足を引きずるようにして歩くような様子。似たような語に「えちゃまちゃど」「よちゃまちゃど」「よちゃよちゃど」などがある。湯沢・雄勝の人はちゃんと使い分けているのかな。→えちゃまちゃど、よちゃまちゃど、よちゃよちゃで

えがむ・いがむ【啀いがむ】①（子どもが）むずかる。駄々をこねる。ひどく泣く。「寝ねで、え

がむ」（寝ないで、むずかる）、「このがぎ、デパートでおもちゃ欲しどて、えがんでこまたおだ」（この子ったら、デパートでおもちゃ欲しいと言って、駄々こねて困ってしまった）※この意味では全県的に通用する。全国分布では、岩手、山形、新潟、富山、石川、愛知、滋賀、兵庫〈秋田のことば〉。一方、この語には「むずかる」という意味のほか、②ひどく叱る。③犬、猫などの動物が怒って吼える。④妬む。やっかむ。などの意味があるが、湯沢・雄勝では「むずかる」の意で使われることが多い。「が」は鼻濁音。↓だじゃぐこぐ、ごんぼほる

えきなて ↓えっきなて

えきなる ↓えっきなる

えぎゃ いいですか。いりませんか。（「えが」の丁寧語）※「えぎゃ」のように後にアクセントを付けると「多い」の意味になる。↓えげ

えぎゃだごど ↓いらねごど

えぐいう【良く言う】『句』よくもそんなことが言えたものだ。※相手の言い方を非難して、恥ずかしいとも思わずに、といった気持ちが込められている。

えぐしめぁに『句』行くついでに。行きがてら。※「しめぁに・しまに」は動詞の連用形に付いて、その時、その瞬間、その途上、そのついでに、しがけ、の意の連用語をつくる〈語源探究〉。

えぐね【良くない】『形容詞』よくない。いうことを聞かない。「なんたて、えぐねわらしだごど」（なんとまあ、いうことを聞かない子どもなんだろう）

えげ・えぎゃ・よげ・よぎゃ【余計】『形容動詞・副詞』①いっぱい。多い。たくさん。「しぇっかぐ搗いだ餅、こんたにえげ貰て、申し訳ねんしな」（せっかく搗いた餅を、こんなにいっぱい貰って、申し訳ありませんね）②いっそう。たいそう。「考えれば

考えるほど、えげわがらなぐなる」（考えれば考えるほど、一層分からなくなる） ※「えぎゃ」のように「え」にアクセントを付けると、「いいですか」という意味になるから要注意。 →えっぺ

えご【枝処】（自然）川の入江。魚のかくれが。 ※方言ではないが、珍しい言葉なので載録した。語源は、エ（枝）、つまり本体から突き出したもの、ゴは処の義〈大辞典〉。

えこえこじ・えこもこで 『形容詞・擬態語』 言葉や動作がとげとげしい。

えごねはる 『句』 股-もも-の付け根、または脇-わき-の下などが固く張って痛む。リンパ腺のはれ物ができる。「ご」は鼻濁音。 ※すなわち「えごね」はリンパ腺のはれ物の意。県内全般に使われるが、鹿角あるいは青森、岩手、山形、宮城では「えのご」といい、音位転倒している〈秋田のことば〉。

えこもこで →えこえこじ

えこりゃこべに →えっころびゃに

えころびゃに →えっころびゃに

えざめわり【居住まい悪い】『形容詞』行儀が悪い。 ※「居住まい」は座っている姿勢。また、その態度。

えしぇる・えへる【似非-えせ-る】邪魔する。いたずらする。拗ねる。むくれる。意地を張る。 ※県内の地域によっては、「えへる」ともいう。「やめれって言えば、えしぇで、そうするなだがら、かもうな」（やめろと言うと、わざと逆らって、そうするのだから、構わないでおけ）、「さっき、ごしゃだけ、えしぇでしまって、菓子けでも、かね」（さっき、叱ったら、お菓子くれても、食わない）

えしげぁ・えしげぇ 諍（いさか）い。言い争い。（東成瀬村・仙人の郷流『俳句・川柳』より）「おどどあば スマホちょしちょし まだえしげぁ」

【え】

えじこ・えじめっこ →えちこ・えぢめ

えずい・えじぃ・いずい 『形容詞』目がチカチカする（目にゴミが入った感じ）。目に違和感がある。

※この意味では、東北一円で通用する。

えぞぐ →えんぞぐ

えだ 『助動詞』〜ようだ。〜みたいだ。「前の車、右さ曲がるえだな」（前の車、右に曲がるようだね）

えだち 『形容詞』無作法だ。不躾だ。遠慮ない。卑猥だ。「あれだば、えざめわりくて、えだぢだ」（あいつは、行儀が悪くて、無作法だ）、「あのおやじだば、えっちも、えだぢだごどばし言う」（あの男は、いつも、卑猥なことばかり言う）

えちこ・えぢめ 【嬰児籠または飯詰籠】（道具）赤ん坊を入れて育てる藁製のカゴ。※いわば藁製の揺り籠みたいなもの。一方、「飯詰-いづめ-」と書けば、保温用に飯櫃（めしびつ）を入れる藁桶（わらおけ）という意味もある〈広辞苑〉。これを作るには、底の部分から始め、縄を渦巻き状に巻いていくのであるが、この製法からくる語源解釈がある。すなわち、渦巻き→とぐろ→つぐら→いずめ、となったのであろう〈語源探究〉。

えちゃまちゃど 『副詞・擬態語』よらよらと。→えかまかど

えっかだ →いっかだ

えっきなて・えきなて 【好い気になって】『句』生意気に。得意になって。自慢げに。「あの人、金もぢだどてが、まんじえっきなてる」（あの人、金持ちだからか、ホントに生意気だ）

えっきなる・えきなる 【好い気になる】『句』おごりたかぶる。得意になる。うぬぼれる。いばる。「びゃっこ金持ぢだがらどて、えっきになる」（少し金持ちだからといって、いい気になる） ※調子に乗っ

て尊大な態度をとるような振舞いに及ぶことを言う〈秋田のことば〉。要するに、本当は不十分なのに、本人は自分のすることに満足し、得意になっていることを言う〈語源探究〉。

えっころびゃに・えころびゃに・えこりゃこべに『副詞』適当に。いい加減に。大雑把に。「えっころびゃにやればえーど、思っている人もいる」(適当にやればいいと、思っている人もいる) ※『形容詞』の形なれば「えっころびゃな」となる。「えっころびゃなごど、言うな」(いい加減なこと、言うんでない)

えっちぎ →いっかだ

えっちに →いっちに

えっちょだ『形容詞』片寄っている。片側に集中している。※着物の袖を裁つとき、左右対称でないと具合が悪い。うまくいかないと「えっちょ袖だ」とヤシメられた〈雑記帳〉。

えってば【いいってば】『句』いいというのに。いらないというのに。十分だというのに。※「てば」は「いい」という気持ちを強く訴える。

えっぺ・えっぴゃ・やっぺ【一杯】『副詞』①たくさん。「めずらし物(おの)、こただにえっぺもらて、えがべが」(珍しい物を、こんなに沢山もらって、いいの?)→えぎゃ ②(コップに)一杯。※「帰りにえっぴゃやらねが」と言われれば、断れない。

えでしぎでね【いけ好かない】『句』非常に嫌だ。顔を見るのも嫌だ。※「えで」は人をののしって言う意の接頭語「いけ」がなまったもので、とても意。「しぎでね」は好きでないの意。〈語源探究〉。こう言ってやりたい人、いないでもない。

えでのがみ【得手の守】得意な技。才能。※半ばあきれて、揶揄して使う。「それが、おめぇの、えでのがみだおな」それが、お前の、得意とするところだも

んな)

えどぇ〘形容詞〙えぐい。いがらっぽい。「この、イモガラ、えどぇな」(このいもがら、いがらっぽいな)↓いがいがじ、えかえかじ

えなづぎゃ・いなづぎゃ(尊敬の念を込めた)丁寧な言葉づかい。※「いい言葉づかい」の「いい」が強調されて「いいな」↓「えな」となり、「言葉」が脱落して「えなづかい」となった。〈西馬音内盆踊り地口より〉〜「西馬音内(にしもね)のおなごはどごさ行(え)たたて目につく筈だんす ハアソレソレ 手つぎ見でたんせ足つぎ見でたんせ腰つぎ見でたんせ

えの【家-え-の】あなたの。お前の家の。「えの娘、なんぼなた?」(あなたの娘さん、いくつになった?)

えのながべんけ【家の中弁慶】内弁慶。※家の中では威張るが、外に出ると意気地がない。

えぱっとして〘副詞〙立派に身づくろいして。きっちりとして。「背広着てえぱっとしてきた」(背広を着て立派にしてきた)

えびしだら【恵比寿俵】その年の秋の豊作を願って、旧暦送り盆(八月十五日)から九月にかけて行われる祭り。※湯沢・雄勝に伝わる伝統行事の一つ。雄物川町にも同様の行事がある。時期は違うが、似たような行事に「梵天奉納祭」がある。各町内の少年たちが、台車に載せた米俵に様々な飾りつけを施して神輿(みこし=えびしだら)をつくり、それを曳きながら、「アーラエー」「ジョヤサァ」と掛け声を出して町内を練り歩く。各玄関先で立ち止まって、独特な節回しの唄を歌い、おひねりをいただく。夜間の成人の部では、灯篭にロウソクの灯がともり、囃子太鼓が響く中、酒に酔った男衆が巨大な「えびしだら」を囲み、少年たちと同じ節回しの唄を歌いながら、神社に奉納する。近年、過疎化と少子化で祭りの担い手が急速に

減りつつあり、祭りの存続が危惧されている。

えびる ①火中に入れて焼く。あぶる。「いもを、えびる」（芋を、火の中に入れて焼く）②いじめる。苦しめる。いびる。「あこなえのじゃっちゃなば、嫁どごえびるふだ」（あそこの家の母さんは、嫁をいびるという話だ）

えぷて【煙たい】けむい。→けぶて、けぷて

えへらえへら『副詞・擬態語』ふざけ笑う様。憎々しげに笑う様。はっきりしない態度で。「肝心などぎになるど、えへらえへらて、つかみどごねぇやづだ」（いざっという時になると、はっきりしない態度で、つかみどころのない奴だ）※「えへら」は挑発的で反感を催すような態度や笑い方のニュアンスがある。

えみゃに【今に】あとで。「えみゃに行ぐがら、まってれ」（少し後で行くから、待っててくれ）※湯沢・雄勝の人でないと、これの正確な発音は難しい。

えらえらで『形容詞・擬態語』息苦しい様子。油っぽくてのどにひっかかるような様子。のどがあれた様子。

える【選る】選ぶ。選りすぐる。選抜する。「傷んだものもあるがも知れねがら、えって買ってこい」（傷んだものもあるかも知れないから、よく見て買ってきなさい）

えんこ ①（動物）犬。②『幼児語』大便。

えんしな（通りがかりの挨拶）いい天気ですね。

えんぞぐ【縁族】①縁続きの者。親戚。→まぎ ②縁があって親戚となる本人、両家同士がうまくいく間柄（経済力、社会的地位、習慣、趣味など）。

えんぺ【濁酒】（食品）どぶろく。※税務署の目を盗んでこっそり造る密造酒だった。昔、税務署の担当者が取り締まりのために巡回するという情報が入ると、

その地区全戸にそれが伝わり、一斉に仕込んだ甕-かめ-を隠すのだった。そのことから、「えんぺ」の出自は「掩蔽-えんぺい-」だという説がある。「掩蔽」は、おおいかくすこと、かくしてわからなくすること、という意〈大辞典〉。ぴったりではないか。同義語に「隠蔽-いんぺい-」もある。↓ふぐろ

【お】

おいぬ【狼】(動物)①「おおかみ(狼)」の異名。②昔日本に生息していた日本狼。ヤマイヌ。

おえる【生-は-える】(草や髪の毛などが)生える。生えてくる。芽が出る。↓おやす

おおまぐらい【大喰-まくら-い】大食漢。※「喰う(まくらう)」だけで「食べる」「食う」を強めていう語だが、それに「大」が付いたから、ただの「大食い」ではない。↓まぐりゃきゃし

おが【お母-かあ-】①母。おっかあ　※子どもが母親を呼ぶのにいう中流以下の用語。②妻。※夫が妻を呼ぶ中流以下の用語。〈大辞典〉。↓あば

おが『副詞』①たくさん。多く。余計に。「おが飲み過ぎるなよ」(あまり飲み過ぎないように)②度が過ぎるさま。あんまり。「それだば、おがだでぁ」(そりゃー、あんまりだ)

おがぁ・おがや　本当？　本当かい？　※皆瀬地区で採取した語句。アクセントは違うが、標準語の「そうかい?」、関西弁の「ほうか?」と同根。

おがしゃべり　おしゃべり。余計な話。「あの人だば、おがしゃべりするがら、気つけねばだめだ」(あの人は余計なことを言う人だから、気を付けなければならない)　※「おが」は、たくさん、あんまりの意。過度の発言にマイナス評価したもの〈秋田のことば〉。↓へちゃむぐれ

おがだ『形容動詞』あんまりだ。大げさだ。無茶だ。「それなば、おがでねぇ」（そりゃ、あんまりでない?）

おがだち【御神立】（自然）①雷。雷鳴。②雷雨。夕立。※「神立-かんだち-」を崇めて「御神立」と言ったか。→かだち

おかね・おっかね『形容詞』恐ろしい。怖い。危ない。「おらえのおやじだば、すぐおごるがらおっかね」（うちの父さんは、すぐおこるから怖い）

おがる【生がる】大きくなる。成長する。育つ。「隣のわらしこ、こご一年で急におがった」（隣の子、ここ一年で急に伸びた）※子どもの成長、草木の伸長に使う。「が」は鼻濁音。

おがわ・おがわんこ【お厠、御虎子】（道具）おまる。しびん。※いわば病人、子どもなどが用いる室内用の木製ポータブルトイレ。「まる」は「放-ま-る」が語源で、大小便をするという意で、それに「お」を付けた。どうして「御虎子」と書いて「おまる・おかわ」と読ませるのか。〈大漢和〉によると、「虎子（こし）」の項で「便器。おまる。おかは。しびん。」とある。その出典・解説が漢文で長々と書かれているが、ここでは省略。〈西馬音内盆踊り地口より〉〽嫁こ嫁こど三度呼ばたば　漸ぐ返事した　ハアソレソレ　きのう結った勝山(かつやま)　左さぶまげでおがわこ持ってきた。「勝山」とは勝山髷（かつやままげ）のこと。女性の髪形の一種。元禄時代、遊女勝山から始まった髪形。結い方は、根のところで大きく輪を作って、毛先を髷（まげ）に組み入れる。髷の輪が丸いので、別名の丸輪髷を略して丸髷といった。流行に伴い諸侯の夫人までがこれを結い、武士以下百姓に至るまで女房の髪形を代表するようになった〈ニッポニカ〉。

おぎ・おぎこ【熾火】（住）①薪が燃えた後の炭火。

②赤くおこった炭火。

おぐびれる【臆びれる】おじけづく。引っ込み思案になる。臆病な気持ちになる。※「臆する」と「悪びれる」の混交語〈語源探究〉。

おごど【大事】①大変なこと。②〖副詞〗いかにも。本当に。実際に。「おごど独りででがしたんた口きぐ」(いかにも独りでやったような口をきく)。「ご」は鼻濁音。

おごどした【大事した】〖句〗大変なことをした。不調法(ぶじょほう)なことをした。困ったことをした。「ご」は鼻濁音。

おざる (行く、来る、居るの尊敬語) いらっしゃる。おいでになる。※中世の敬語「おんいである」→おじゃる→おざる、と変化した〈秋田のことば〉。一方、「ござる」の変化した語であるとも言われている〈大館方言〉。「おざってたんしぇ」(いらしてください)、「おざたぎゃ」(いらっしゃいますか)

おじぇんこ【お膳】(道具)料理をのせる台。また、その上にのせられた料理。※「膳」に接頭語「お」を付けて、丁寧な言い方にし、さらに接尾語「こ」を付けて親しみやすくした。湯沢・雄勝の言葉は、本当に丁寧だ。

おじぎゃ・おじげ【お使い】招待。お招き。「おじげかがった」(招待受けた) ※アイヌ語のotcikeオッチケ(お膳)からきたものとの説あり〈古代探訪〉。

おじげ・おじげっこ【御付け】(食品)味噌汁。おつゆ。→おしろっこ

おじっかし・おんじかし 男の末子に対する蔑称。※「おんじ」の「かす」だから、両親から期待されないで生れたのかもしれないが、当人にとっては、いやーな感じのする言葉だ。→おばっかし、おんじ

おしゃかう【抑え込む】(上から物を)押える。重し

をする。

おしゃめる　押さえつける。捕まえる。「縄のはじっこ、おしゃめれ」（縄の端を、押さえろ）、「そごのえんこ、おしゃめでけれ」（そこの犬を、捕まえてくれ）

おじゃれこ　お盆の迎え火。※「いらっしゃい」の意の「おじゃれ」からか。

おしょさんのはなくそ【和尚さんの鼻糞】①銀杏の実。②甘納豆。※古来、お寺の境内には防火樹として銀杏の木が植えられてあった。落ちた銀杏の実は特有の臭いを放ち、外側の多肉の種皮は始めは黄色だが、時間を経て腐ってくると黒ずんでくる。それが鼻糞を丸めたようなものに見える。これがお寺の境内のことだから「和尚さんの鼻糞」と揶揄的に言ったのであろう。和尚さんも人間だから、鼻をほじくって丸めてポイとやることもあろうと、親しみを込めたもの。②の「甘納豆」は、あの悪臭のことは無視して、黒ずんだ色と形状が似ていることから。この語句は、旧湯沢町内の北東部（前森、大工町、北荒町、湯の原あたり）でよく使われていたと地域の古老が語っていた。

おしょる・おだる【折る】おる。

おしょれる・おだれる【折れる】おれる。

おしろっこ【御汁】（食品）味噌汁。おつゆ。↓おじげ

おそ〘接頭語〙中途半端。不十分。※「おそ食い」「おそ煮え」「おそ乾き」など。

おそこそ〘副詞〙①遅まきながら急いで。②物事を粗略にする様。粗末に。雑に。「おそこそにやれば、後でまたやり直しだど」（いい加減にやれば、後でまたやり直しさせるよ）

おだげる【雄猛る】猫が発情してうるさく鳴く。※県内全般のほか、青森、宮城、山形、新潟、岐阜で

も使われる〈語源探究〉。※県内全般のほか、青森、宮城、山形、新潟、岐阜でも使われる〈語源探究〉。〈西馬音内盆踊り地口より〉〽猫コおだげで　桜の花咲ぎゃ　川原田大賑わい　ハアソレソレ　留守居（るしぎ）のおっさん　花より団子で　戸棚のつまみ食い

おだち【御立】酒食を強く勧めること。来客が帰ろうとするときに勧める酒食。「難儀掛けだ、おだぢ食ってたんしぇ」（難儀掛けました、もう一杯食べてください）

おだや【お逮夜】おたいや、通夜。葬儀の前夜。

おだんこなす　役立たず。小心者。※「だんこなし」に「お」が付いて、きつい言葉を和らげている。湯沢・雄勝では「無し」ではなく、明らかに「茄子」と発音する。穴が狭い、また小さいどころか、「ダンコ（尻の穴）無し」で、全くの役立たずの意を表したもの〈語源探究〉。

おちける【押し付ける】押す。押し付ける。

おちぱ【落葉】（植物）「おちば」の音変化。

おっこめる【押し込める】押し込める。

おっさん【和尚様】お坊さん。和尚さん。↓ののさま

おっと【桜桃-おうとう-】（植物）サクラの実。桜子（さくらご）。さくらんぼ。※佐藤錦などの通称「さくらんぼ」と桜桃は、厳密な意味では一致しないが、ここでは詳述を避ける。その昔「さくらんぼ」といえば、サクラの実のことを指した。

おっぱ・しっぱ【尾っぽ】しっぽ。※「尾端」または「尻端」からの音変化か。

おでぇらにして【お平らにして】〖句〗お楽にして。安座にして。※客人に寛ぐように、と言う言葉。

おでゃがげぼん【手懸け盆】（道具）仏壇に供える供物を三方（さんぼう）に載せた蓬莱（ほうらい）の

飾り。※本来は、新年の祝儀に、三方の盤上に縁起物の供物を盛った飾りもの。

おど 父親。※「つぁ」の上位。↓あば

おどがす【脅かす】目を覚まさせる。びっくりさせる。

おどぎゃる ①おとなしくなる。※寝なかった子どもが、ようやく寝入る。②死ぬ。③落雷する。

※「お解けある」から。雷が落ちたことを「雷が解けた」と言う〈大辞典〉。

おどげ・おどげゃ【頤】（身体）おとがい。下あご。

「げ」も「ぎゃ」も鼻濁音。

おどげでね・おどげならね【戯けでない】『形容詞』

①冗談じゃない。油断ならない。楽観できない。

「あれも将棋つぇぐなたがら、おどげでねど」（あいつも将棋が強くなったから、油断ならないよ）②ただごとでない。容易でない。並でない。「今日の大雪だば、おどげでね」（今日の大雪は、尋常でない）、「おどげでね世話になった」（とても世話になりました）※「お道化でない」の転化とも考えられる。

おどこねぇ『句』音信不通だ。

おどでな 一昨日。おととい。「さぎおどでな」（さきおととい）

おにがら【鬼殻】（昆虫）①カブト虫。②セミの抜け殻。※殻が固いことから付けられた。「が」は鼻濁音。

おにゃ・おんにゃ【大庭】（住）広い庭。前庭。外庭。

おはえんし・おはやんし（挨拶）おはようございます。※「おはよう」の丁寧語。

おばこ 娘。少女。

おはだし【お果たし】願掛けのお礼参り。「合格したなで、おはだしに行ってくる」（合格したので、お

礼参りしてくる）

おはぢ【お鉢】（道具）おひつ。めしびつ。

おばっかし 女の末っ子に対する蔑称。↓おじっかし

おばっつぁ ①次男以下のよめ。②小母さん。

おばんだんし（挨拶）お晩です。こんばんは。

おふるみゃ【お振舞い】①宴会。もてなし。酒盛り。②祝儀。婚礼。↓ふるみゃ

おふるみゃっこ【お振舞い】（遊び）ままごと遊び。

おべだふり 知ったかぶり。「おがおべだふりするな」（あまり知ったかぶりするな）※「知ったかぶり」する人は「おべはがせ（博士）」と言われる。覚えてるふり↓知ってるふり↓知ったかぶり

おぼこ 赤子。幼児。子ども。※世間ずれしていない、うぶな人の意にも使う。

おぼこみみゃ【産子-うぶご-見舞い】出産見舞い。

おぼで・おもで【重い】〖形容詞〗重い。

おめ【お前】〖代名詞〗（二人称）お前。君。↓わ

おめだ・おめぁだ【お前達】〖代名詞〗（二人称複数形）お前たち。君たち。

おもう（時間が）経つ。時が経過する。「あど三年おもえば、ローンは完済する」（あと三年すると、ローンは完済する）

おもかげね〖句〗思いがけない。予期しない。「おもかげねぐ、ごっつぉおなた」（思いがけなく、ご馳走になった）

おもくらしぃ〖形容詞〗気品がある。威厳がある。奥ゆかしく立派だ。おごそかだ。重々しい。※「重苦しい」の変化した形。一般的には単なる苦痛ではなく、荘重な様子に転じて用いられる。しかし湯沢・雄勝では「わざとらしい」というニュアンスでも使われるようだ〈県南〉。

おもしぇ・おもしれ【面白い】『形容詞』面白い。

おもやみ【思病み】気がかり。大儀。ためらい。億劫。面倒。心配。不安。「手術したほえど言わだども、おもやみでながながきめらえね」（手術した方がいいと言われたけど、心配で中々決断できない）

おやがだしゅ【親方衆】豪農。資産家。金持ち。※「しゅ（衆）」は、ある階層に属する人々を指す。

おやしめんしぇ（挨拶）おやすみなさい。

おやす【生やす】ひげなどを生やす。野菜の芽などを生えさせる。※「おえる」の他動詞形。

おら・おれ【己・俺】（一人称）私。自分。僕。※中世以降使われ、特に近世（江戸期）以降多用され、貴賤男女の別なく用いられたが、近世の後半期から女性の使用が絶えた〈大辞典〉。湯沢・雄勝では、女性の使用が少なくなったが、絶えたわけではない。

おらえ【己家】①私の家。わが家。②私の夫。※妻が自分の夫をさして言う「おらえの人」の下略。

おらだ・おれだ【俺達】（一人称複数形）私たち。俺たち。

おらほ・おらだほ【俺方】私の方。私たちの方。「ここが、おらほの村だ」（ここが、私の村だ）

おわりはづもの【終わり初物】旬の終わりの野菜や果物。※旬が終わり、もう来年まで食べられないと思い、惜しんで食べる。

おんこ（植物）いちい（一位）の異名。※「いちい」はイチイ科の常緑高木。材は淡赤褐色で建築、家具、彫刻に用いられる。昔、この木から笏（しゃく）を作ったことから、位階の一位にちなみ、木の中で第一位のものとして名付けられたという〈大辞典〉。「きゃらぼく（伽羅木）」は「いちい」の変種〈語源探究〉。

おんじ・おんちゃ・おんちゃめ　次男以下の男子。総領以外の男子。弟。※末弟を卑しめていう語に

「おじっかし・おんじかし」がある。↓あんつぁ

おんにゃ ↓おにゃ

おんば 妹。次女以下の女子。↓あね

【か】

かい・きゃ【痒い】〘形容詞〙かゆい。「しぇなが　きゃ」(背中がかゆい)

かいべつ (植物) キャベツ。※外来語「キャベツ」を日本語の音変化に当てはめて産み出した、誤解に基づく新語形〈秋田のことば〉。

がえり・がえっと〘副詞・擬態語〙無理に。強引に。「人の物、がえり、むしりとってえた」(人の物を、強引に、むしり取って行った) ↓がりがりど、しゃりむりど、わらわらど、がりむりど

かえる・かれる ①(アクセントは第2音の「え・れ」に) 食べられる。(虫などに) 刺される。※これの否定形「食べられない」は「かれられね・かえらえね・かえね」などとなる。②(アクセントは平坦) 借りる。

がえん・がえんこ【臥煙】わんぱく者。暴れ者。横着者。※「臥煙童子(がえんわらし)」ともいう。「臥煙」は江戸時代の町火消しで、乱暴者、無頼漢が多かったと言われることから、後には乱暴者を意味するようになった。

がおる・がどれる【我折る】やつれる。衰弱する。「あの人も病気ですっかりがおった」(あの人も病気ですっかり衰弱した) ※「我勢-がせい-折れる」の転化か〈語源探究〉。

かか・かっか〘幼児語〙着物や履物の幼児語。「まんち、めんこいかか着たごど」(まあ、かわいい着物着てるね) ※「べべ」は全国共通の着物の幼児語で、「赤いべべ着たかわいい人形」と歌われた童謡もある。↓

あぎゃいしょ

かが【嬶】妻。女房。

かがえる →かんがえる

ががさびれる ①（顔つきや身なりが）貧相になる。（長患いの後などで）痩せて弱々しい容貌になる。やつれる。→がどれる ②（かつて良い暮らしをした家が）荒れ放題で寂びれる。落ちぶれる。※「がが」は「寂びれる」の強調語だろうが、語源が定かでない。

かがなぐ（苦しい、痛い、つらいと）訴える。弱音を吐く。愚痴をこぼす。くよくよする。「あれだば、ちょこっとしたごどで、かがなぐおな」（あの人は、ちょっとしたことで弱音を吐く）。「が」は鼻濁音。

かがまる【屈まる】お辞儀する。会釈する。「が」は鼻濁音。

かがりして【懸かりして】〖接続助詞〗のくせに。にもかかわらず。「何も、でぎねかがりして、えっきなて、いばってばしいる」（何もできないくせに、いい気になって、いばってばかりいる）

かがる ①挑む。攻撃する。立ち向かう。「大っき子さかがて行ぐがら、そただごどになるなだ」（大きい子に歯向かっていくから、そんなことになるのだ）②責める。しかる。いじめる。「遅刻しぇば、しぇんしぇにかがられる」（遅刻すると、先生に叱られる）

かぎ【鉤】（道具）自在鉤（じざいかぎ）。「ぎ」は鼻濁音。※方言ではないが、死語に近いので取り上げた。囲炉裏やかまどの上につるし、鍋や鉄瓶などを自由自在に上げ下げできるようにした鉤(かぎ)。上から吊り下げるものは、昔は縄であったが、その後、鉄製、竹製、木製ができた。先端の吊り金具が「鉤」あるいは「鉤の鼻」で、途中の上下に調節するテコを「テアソビ（手遊び）」という。テアソビは魚を形どったものが多い。→ごどぐ、ひゃならし

がぎ【餓鬼】子どもの卑称。※食べ物をむさぼるところから〈大辞典〉。

がぎ 雪の階段。※外から家の出入り口に作った雪の階段。豪雪地帯ならではの語。

かきかきで『形容詞・擬態語』字などの固い様。角ばった様子。きちんとした様。

かぐ【掻く】①（池や沼の）水を掻きだす。※「たなぎかぎ」といえば、池の水を抜くこと。②爪を立ててこする。

かくとっこ【格闘こ】（遊び）格闘遊び。※男の子の遊びで、相撲とかレスリングみたいな格闘技でふざけあう。

かぐれぼっち【隠れん坊】（遊び）かくれんぼ。※鬼を定め、他は物陰に隠れ、それを鬼が探し出し、最初に見つけられたのが次の鬼となる〈広辞苑〉。

かげ 裏。裏側。※「影」でもなく「陰」でもなく、「紙の裏」「塀の裏側」などのように使う。「げ」は鼻濁音。

かげふみ【影踏み】（遊び）影踏み鬼。※鬼ごっこの一種。参加者のうちから一名を鬼役に選び、鬼になった者が地上に映っている人の影を踏んで、順次に鬼を交代していくもの。他の人は、鬼に自分の影を踏ませまいとして逃げ回る。もと、月の明るい夜の遊びであったが、陽光を利用しても行うようになった〈大辞典〉。「げ」は鼻濁音。

かごい【囲い】（住）雪囲い。冬囲い。

がさくさで『形容詞・擬態語』落ち着きがなく騒がしい様。性質や言語、動作の粗雑な様。

がしぇね・がせね【我勢無い】『形容詞』ひ弱い。弱々

しい。馬力がない。※「がしぇ」「がへ」は体力、勢い、精力などの意の方言。この語はそれを欠いている状態をさす〈秋田のことば〉。

がじぇね【頑是ない】『形容詞』（歳の割に）幼い。聞き分けがない。幼稚だ。子どもっぽい。無邪気だ。「まだこのわらし、がじぇねくてよ」（まだこの子、聞き分けが無くてねえ）

がじがじで『形容詞・擬態語』①物が凍ったりして堅い様。②考えがかたくなな様。融通がきかない様。→がりがりで、きちきちで、ぎちょげ

かしがる　傾いている。「が」は鼻濁音。

かしげる　①傾ける。②お辞儀をする。「げ」は鼻濁音。※「かしがる」の他動詞形。→かだがる、こごまる

かじける　→かちける

かじょす【勘定する】数える。→かんじょう

かじる・かぢる【飢-かつ-える】かつえる。食べ物がなくて苦しむ。腹が減ってひどくひもじくなる。

かすべ【鱏-えい-】（魚介類）エイの干物。※エイ目の軟骨魚類の総称。食用はアカエイ、ガンギエイなど。

かする【掠る】軽度の脳卒中にかかる。※「掠る」には、軽く触れる、すれすれに通る、という意味もあることから〈広辞苑〉。

がせね　→がしぇね

かだがる【傾がる】傾く。「が」は鼻濁音。→かしげる

かだぎわり【気質（容気・形気）悪い】『形容詞』①意気消沈した様。しょんぼりしている。「あの元気者の太郎も、かがに死なれだば、すっかりかだぎわるぐなった」（あの元気者の太郎も、奥さんに死なれたら、すっかり元気なくなった）②恥ずかしい。肩身せまい。「借金してれば、人さ行ぎ会っても、かだぎわ

りもんだ」〈借金してると、人に会っても肩身せまいもんだ〉〈語源探究〉。「ぎ」は鼻濁音。

かだげる【傾ける】傾かせる。「げ」は鼻濁音。※「かだがる」の他動詞形。

かだご〈植物〉カタクリ。※ユリ科の多年草。早春に開花する。発芽から開化まで七、八年を要する。群生する様は見事にきれいだ。葉はおひたしにして食する。かつては地中深くにある小指の先ほどの鱗茎〈地下茎〉からデンプンを抽出して片栗粉としていたが、近年は片栗粉にはジャガイモ、サツマイモから抽出したデンプンを用いる。古くはカタカゴ（堅香子）と呼ばれ、カタゴは中のカ（香）が脱落したもの。千二百年以上前に万葉集に歌われた古語の名残りが県南にあった。仙北、平鹿、由利ではカタッコ・カタンコなどとも呼ぶ。万葉歌人・大伴家持が富山でこの花を詠っています。「もののふの八十娘子（やそおとめ）らが汲みまがふ寺井のうへの堅香子の花」。「八十（やそ）」はたくさんの意。「もののふ」はその枕詞。

かだぢ・かんだぢ【神立】〈自然〉①雷。雷鳴。②雷雨。夕立。※雷鳴を神の示現と考えたのだろう。
→おがだぢ

かだぢり【片釣り】片意地。頑固。偏屈。「あれだばかだぢりで困ったもんだ」〈あいつは偏屈で困ったやつだ〉

かだづぐ【片付く】嫁になる。

かだづげる【片付ける】娘を嫁がせる。※嫁がせることを「片付ける」とは、湯沢・雄勝のオバコにとってはやりきれない言葉だ。「片付く」の他動詞形。

かだっぱり【肩っ張り】意地っ張り。頑固者。へんつく者。※肩をいからすようにして、相手の言い分を聞き入れようとしない態度〈秋田のことば〉。

かだっぽ【片っ方】片一方。

かだで・かたんで『副詞』①まるで。全然。少しも。※下に打消しの語を伴うことが多い。「かだで、めねがた」（全然、見えなかった）②たくさん。多く。「かだんで、仕事はがえた」（大いに、仕事がはかどった）

かだひた 片方。「靴下、かだひたねぇど」（靴下、片方ないよ）※たび（足袋）のことを逆さに読んで「びた」または「ひた」と言った。従って片方の足袋は「かたひた」。このことから、対（つい）になっている物の一方を「かたひた」というようになった〈大辞典〉。

かだへる【糅てる】仲間に入れる。→かでる

かだもらい【片貰い】貰いっぱなし。お返しせず。〈県南〉。

かだゆぎ【堅雪】（自然）快晴の翌朝など、解けて水分を含んでカチカチに凍った雪。※表面がザラメのような状態になっている。

かだる【糅たる】加わる。仲間になる。参加する。

かちける・かじける【被-かず-ける】①人のせいにする。責任や罪を他人にかぶせる。「自分でしたごど、俺どさかちけで、知らね振りしてる」（自分でしたことなのに、こっちのせいにして、知らんふりしてる）②口実にする。かこつける。「風邪さかちけで、会社休んだ」（風邪にかこつけて、会社を休んだ）

かちゃかちゃで・がちゃがちゃで『形容詞・擬態語』うるさい様子。落ち着きがない様。「そんたえ、かちゃかちゃでぐさねで、おどなしぐ、すわてれ」（そんなにうるさくしないで、おとなしく座っていなさい）、「あのおなごなば、がちゃがちゃでぇおなごだ」（あの女は、落ち着きのない女だ）

かちゃぐ →かっちゃぐ

かちゃま『形容動詞』逆さ。反対。裏返し。※「返

り様（さま）」の訛りではないか。「返り」は「裏返し」「覆る」「宙返り」などの意味につながる。「様」は「有様」「姿」「様子」などの意味を持つ〈古代探訪〉。「とうさん、シャツかちゃまだど」（とうさん、シャツ裏返しだよ）↓かっちゃ

がっかり『副詞・擬態語』たたく様子。「いうごどきがねば、がっかりやるど」（いうこと聞かないと、叩くよ）

かっか『幼児語』（衣類）着物。↓かか

がっけ【崖】（身体）ひたい。おでこ。※「がっけあだま」といえば、でこぼこした頭。↓うしろがっけ

かっこ『幼児語』（履物）（「からころ」の音から）下駄。※童謡「雨」（北原白秋）に「紅緒の木履（カッコ）も緒が切れた」とあるから、方言ではないようだ。

がっこ（食品）漬け物。香の物。※湯沢・雄勝では元々「つけもの」「つけぉの」と言っていたが、県央、県北から「がっこ」が伝わってきた。↓つけぉの

かっこばな【郭公花】（植物）①ハナショウブ（花菖蒲）。※アヤメ科の多年草。②オダマキ（苧環）。※キンポウゲ科の多年草。どちらも四、五月頃の花の時期がカッコーの出現と一致することから名を取ったものか。全国的には、ハナショウブ、アヤメ、カキツバタ、ヤマユリ、タニウツギ、アツモリソウなども「かっこばな」と言われている〈秋田のことば〉。

かっこべ【葛籠・籠瓮】（道具）腰に下げ魚などを入れる籠。※木天蓼（またたび）のつるを編んで作った。

かっこむ【掻き込む】飯などを急いで食べる。

かっち（自然）①山の奥地。辺鄙（へんぴ）な地。②川や沢の上流。水源地。③山の頂上。※「河内（かわうち）」（山の中を流れる川、または水源）に基づく語と考えられる。カワウチ↓カウチ↓カッチと転じた。「雄勝（ヲガチ）」はこのカチに愛称辞のヲがつ

いたもの〈語源探究〉。また、川の上流を内側と意識して「河内」と呼び、河口のあたりを「出戸・出処（でと）」と呼ぶ独特の内と外の意識があったと考えられる〈秋田のことば〉。

かっちゃ ①逆さ。反対側。裏返し。↓かちゃま ②【母っちゃ】お母さん。奥さん。

かっちゃぐ【掻き裂く】爪などでひっかく。かきむしる。

かっちゃます かきまわす。※「かきまわす」の短縮形と考えられている。「物」をかきまわすことから、「秩序・順序」を乱すことにも使われる。↓かます

かっつぐ・かちぐ【掻っ付く】追いつく。「あの人だば、歩ぐの早くて、かっつぐのによいでね」（あの人ったら、歩くのが早くて、追いつくのに大変だ）、「あまり早して、かちがえねがた」（あまり早くて、追いつかなかった）

がってねぁ・がってらねぁ・がってなねぁ・がでね【合点ならない】〘形容詞〙合点が行かない。あてにならない。疑わしい。確かでない。おぼつかない。「あれだば、がってねぁ」（あれは、あてにならない）

がっぱ（履物）女児の下駄の一種。

かっぱとる〘句〙川や水たまりに落ちる。ずぶ濡れになる。※「河童取ろうとして落ちた」とした洒落から。

がっぱら 木材を製材したあとの縁（ふち）。木材の端材。↓こっぱ、ざっぱ

がっぱり ①〘副詞〙すっかり。全部。残らず。「泥棒に、がっぱり持っていがれだ」（泥棒に、全部持っていかれた）②〘副詞〙ぴったり。ぴたっと。「その親父の服、おめさがっぱりだ」（その親父の服、お前にぴったり合う）③〘形容動詞〙意見が一致する。

同意見だ。ぴったりだ。「おらだば、その提案でがっぱりだ」（おれは、その提案と同意見だ）

かつぷし・かちぷし【鰹節】（食品）かつおぶし。

がて『助詞』（誰々）に（何々される）。「父さんがて、しこたまごしゃがれだ」（父さんに、きつく叱られた）

かでっぱ・かでぱじ【糅て弾き】または【糅て外し】仲間はずれ。

かでっぱじする【糅て外す】『句』仲間はずれにする。

かでまま・かでめし【糅て飯】（食品）混ぜご飯（ご飯に、雑穀や菜っ葉などを混ぜて増量したもの）。※「糅-じゅう-」は「かてる」のほかに「まぜる」とも読むので、「かでまま」といえば「混ぜご飯」となる。

かでる【糅てる】①仲間に入れる。「俺どごもかででけれ」（俺も仲間に入れてくれ）→かだへる ②子守をする。※「糅」は見慣れない漢字だが、コメヘンにヤワラと書き、音読みは「ジュウ」、訓読みは「まぜる」「かてる」。

かど（魚介類）（生の）ニシン（鰊）。※湯沢・雄勝では、頭と尾とはらわた取って、二つに裂いて干したものを「にしん」あるいは「身欠きにしん」という。ちなみに「かずのこ（数の子）」は「かどのこ」の転。正月などの祝い事に用い、卵の数が多いので、「数の子」と書き、子孫繁栄を祈る意〈語源探究〉。→にしん

かどかじぇる・かどかげる『句』門付けをする。乞食をする。※民俗芸能や伝統行事のお祭りなどで、各家々を回って「御ひねり」をもらう。門（かど）を数えることから〈秋田のことば〉。

かとばす・かっとす 追い越す。追い抜く。「あとがら来た車にかとばされだ」（後から来た車に追い越された）※「かっとばす」といえば「勢いよく飛ばす」

（ホームランをかっとばす、など）という意にもなる。ちょっとした発音や文脈のちがいで、違う意味になる。

がどれる　やせ衰える。やつれる。↓がさびれる

かながら【鉋屑】かんなくず。※かんなで材木を削ってできる薄い木片のこと。ついでに、のこぎり（鋸）で材木を切るときにできる「おがくず」は大鋸屑と書く。

かながれ・かわながれ【川流れ】①川でおぼれ死ぬこと。また、その人。溺死体。水死体。②川に流れてきた木。流木。

かなぐる　ぞんざいにやる。適当にやる。「あちこち、かなぐるべた」（あちこち、適当にやっていこう）。「かなぐりっぱなし」と言えば、やりかけて中途でやめることをいう〈雄勝〉〈県南〉。

かねがっぱ・かながっぱ（履物）雪滑り下駄。

かねつけ【鉄漿-かね-付け】歯を黒く染めること。お歯黒（おはぐろ）。※「かね」は、鉄片を茶や酢の中に入れ、酸化させて作った。江戸時代には、既婚女性はすべて行ったとされる。昭和二十年代でも、近郊農家の年配の女性には、まだこの風習が残っていた。

がばさみ（道具）①馬の毛を刈りそろえるための鋏（はさみ）。大きな鋏。②虎鋏（とらばさみ）。※主に鉄製で、獲物がこれを足で踏むと、支点のバネが外れて足などを挟む捕獲罠〈本荘ことば〉。

がばち（魚介類）ギバチ。※雄物川水系や貝沼（皆瀬）などのような湖沼に生息する淡水魚。大河川に生息するものは大型になり、三十㎝前後になる。背びれと胸ひれに毒棘があり、刺されると激痛が走る〈秋田の淡水魚〉。↓あがめろ

かばでろ【壁泥】（住）壁土。※土壁の材料。

がふがふじ　↓がほがほじ

かぷける・かふける【黴-かぶ-ける】黴（カビ）が生える。「餅がかぷけだ」（餅にカビが生えた）

かぶれる【気触れる】①薬品や漆などで炎症を起こす。②染まる。感化される。影響される。

がほがほじ・がふがふじ・がぽがぽじ『形容詞・擬態語』靴や服などが大きくてがほがほする様子。「このズボン、がほがほじくて、だめだ」（このズボンは、あまりゆるくて、はかれない）

がぼっと・がっぱり『副詞』①ぬかるみやせきなどに、足を踏み外してぬかる様。すっぽり。「そごのしぇげさがぼっとはまって、ズボンびしょぬれだ」（そこの堰にすっぽり落ちて、ズボンがびしょ濡れになった）②相手の思うつぼに、はめられる様。すっかり。「しぇだて、わぎゃおどごがら電話かがてきて、もうげ話にがっぱりはめられで、じぇんこ振り込んでしまた」（せんだって、若い男から電話がかかってきて、儲け話にすっかりはめられて、お金を振り込んでしまった）

かまきゃし【竈返-かえ-し】破産者。

かまきゃす【竈返-かえ-す】『句』身代をつぶす。破産する。財産をなくする。倒産する。

かましでぁぐ・かますでぁぐ【叺大工】腕の悪い大工。一人前でない大工。※一人前にならない大工は、木で作った道具箱を担いで仕事場に行くことを許されず、道具を叺（かます）に入れて出かけたことから〈語源探究〉。

かます【掻き回す】①かき混ぜる。かき回す。引っかける。②勝手なことをして秩序・順序を乱す。

→かっちゃます

かます【叺】かます。※方言ではないが、前項とおなじ音で、アクセントを平たんにすると意味が全く異なるので、参考のため載録。「叺」という字をあてる。わらムシロを二つ折りにして作った袋。その昔、塩、穀物、化学肥料などを入れるのに使った。

かますでやぐ　↓かましでゃぐ

かまど【竈】①（住）台所。囲炉裏。所帯。身代。財産。②（食品）果実の芯。※竈（かまど）が一家の中心であった時代に命名されたもの。これなくしては家が存立しないと同様、果実の芯も果実にとって欠くことができない。「芯」に家の「竈」の重要さを推し及ぼした名称〈秋田のことば〉。

かまどもぢ【竈持ち】所帯持ち。戸主。

かみしょっこ【紙衣装っこ】（遊び）紙衣装遊び。※紙で人形の着物を作って着せる遊び（雑記帳）。↓つぎしょっこ

かめのこ【亀の子】（衣類）袖なしの背負い用綿入れはんてん。※左右の袖がなく、亀の甲の形に仕立てた。↓ねんねこ

がめる　横領する。ごまかして盗る。ちょろまかす。失敬する。掠（かす）める。くすねる。「店の売り上げがら、びゃっこ、がめできた」（店の売り上げから、少し、失敬してきた）※「がめる」は麻雀用語から出た言葉で、本来、無理に大きな手作りに走る（大きく勝とうとして、無理をする）意。「がめつい」と同様、語根の「がめ」は、亀と同系のスッポンのこと。スッポンは、くわえたら放さないので、貪欲の意となる（語源探究）。

かもう【構う】いたずらする。いじめる。からかう。「この子は、妹をかもってばがりいで、困ってしまた」（この子は、妹をいじめてばかりいて、困るの）

かやぎ【貝焼き】鍋料理。※もともとは、ホタテ貝などの殻を鍋にして食物を焼く調理法。

からくさじ　感心しないおしゃれ、身づくろい。※「から」は、実質的なものの伴わないこと、または

伴うはずのものが伴わないことの意を表す。「から元気」「から威張り」「から世辞」など。 ↓くさじまげる、くさじたがれ

からくぢ【空口・虚口】①ご飯を食べずにおかずだけ食べること。「待で待で、今ままやるがら、からくぢで食うな」（待て待て、今ご飯をやるから、おかずだけ食べるな） ②口答え。「親さ、からくぢきぐもんでね」（親に、口答えするもんでない） ③悪口。「あまり、からくぢきぐど、嫌われるど」（あまり、悪態つくと、嫌われるよ）

からこしゃぐ【空小癪】〖形容動詞〗こざかしいこと。生意気なこと。おせっかい。また、その様。※「から」は、忌々しい事態を非難の気持ちで言う接頭辞。小生意気、こざかしいことであるが、そうした印象を与える行動・言動は差し出がましいことである〈秋田のことば〉。「あのがぎからこしゃぐだな」（あのこどもは、生意気だな）、「からこしゃぐ、まげるな」（いらないお節介を、するな）

からこやみ ↓からぽやみ

がらしめんこ（遊び）お弾き。↓びんどりこ

からつら・からっつら【空面】手みやげを持たずに訪問すること。招待されて手ぶらで行くこと。※「空面出し」の下略。↓つらだし

がらどて〖句〗からといって。「おめぇ、なんぼ元気だがらどて、そう無理はされねど」（お前、いくら元気だからといって、そんなに無理されないよ）

からぽやみ・からこやみ 無精者。怠け者。↓からぽやむ、しぇやみこぎ、せこぎ

からぽやむ・からぽねやむ【空骨病む・骸-から-骨病む】〖句〗怠ける。骨惜しみする。大儀がる。※仕事を前にして、体や骨が病におかされているといってずるける意（語源探究）。↓からぽやみ

からもむ【躯揉む】〘句〙①気をもむ。焦る。「連絡もしねでこたに待だせて、ホントにからもませる子だ」（連絡もしないでこんなに待たせて、本当に気をもませる子だ）②身もだえる。もがく。③寝相悪く動き回る。病苦のため七転八倒する。※③の意味の使い方は、鹿角地方に見られる〈語源探究〉。

がりがりで【我利我利な】〘形容詞・擬態語〙①他人を顧みないで、自分だけの利益や欲求を追い求める様。融通のきかない様。生真面目な。※これから「ガリ勉」という語が生れたか。②思ったことをズバズバ言う激しい気性の。「あのおなご、がりがりでくて、おどごみでぁだ」（あの女は、激しい気性で男みたいだ）〈本荘ことば〉。③気持ちのさっぱりしている。※秋田市周辺で使われる。→がじがじで、きちきちで、ぎちょげ

がりがりど・ぐりぐりど〘副詞・擬態語〙強引に。むりやりに。有無を言わせず。がむしゃらに。「がりがりど、話通す」（無理に、話を通す）、「貸した金は、ぐりぐりど取るもんだ」（貸した金は、強引に取るもんだ）→がえり、しゃりむりど、わらわらど、がりむりど

かりさん・かるさん（衣類）野良着用のもんぺ。※主として冬季の防寒用。袴の一種で、上部は緩やかに、下部はももひきのように仕立てた。ポルトガル語カルサンに由来する〈秋田のことば〉。

がりっと〘副詞〙①しっかり。全力で。思いっきり。「がりっと頑張ってこい」（しっかり頑張ってこい）②きつく。強く。「あのわらしだば、がりっと言わねばだめだ」（あの子は、きつく注意しなければならない）

がりむりど〘副詞・擬態語〙無理矢理と。→がえり、がりがりど、しゃりむりど、わらわらど

かるけ・かるこい【軽こい】〘形容詞〙軽い。

かれられね 食われない。食うことができない。
※「か（くゎ）れられる」の否定形。「か（くゎ）れる」だけで「食うことができる」の意になるが、更に念押しに（あるいは無意識に）可能の助動詞「られる」を付加したもの。これを否定形にしたものが「か（くゎ）れね」「か（くゎ）れられね」である。↓ひゃらしぇらえね

かわってる【変っている】食べ物が軽く腐っている。
※「変わる」という語には多様の意味があるが、湯沢弁・雄勝弁にはこういう意味もある。

かんがえる・かがえる【凍-こご-える】寒さで手足が凍える。かじかむ。「あまりひゃこくて、指かんがえる」（あまり冷たくて、指がかじかむ）。「が」は鼻濁音。

かんかんぜみ（昆虫）ひぐらし（蜩）の異名。※その鳴き声から「かなかな」とも。

がんがんで〘副詞・擬態語〙頭が強く痛む様。ずきんずきん痛む様。

がんご 空洞。うつろ。からっぽ。↓ばんぼ

かんじょ・かんちょ【閑所・寒所】（住）便所。※「閑所」は「人のいない所、静かな所」の意から便所の隠語になったもの。元は公家ことば〈語源探究〉。一方「寒所」は、昔、便所は母屋から離れたところに専用の小屋があったから。寒い夜は行くのが嫌で、我慢したまま寝てしまうと、多くの場合寝ションベンしてしまう。

かんじょう・かんじょ【勘定】①心づもり。予定。「あした行ぐかんじょだ」（あした行く心づもりをしている）②金銭や物の数の計算。代金を支払うこと。精算。③都合。事情。「お前（め）のかんじょ、なじだ」（お前の都合は、どうだ）

かんじょわり【勘定悪い】『句』恥ずかしい。きまりが悪い。「同級会さもしばらぐえてねば、かんじょわりくて、えぐのもおもやみだな」（同級会にも暫く行ってないと、恥ずかしくて、行くのも億劫になるね）→おもやみ

かんてつ・かんてち いつまでも独身でいる人。小僧。本気でない人。※猿倉人形芝居の「かんてつ和尚」によって、「かんてつ」の語が一般に広まった。もともと仏教に身を置く僧の、強い意志を貫き通すことを意味するが、人形芝居では女の人に気を取られ、修行の足りない僧を表現し、「かんてつ（貫徹）」の意の反対の様を表した庶民の風刺精神を示している（本荘ことば）。由利と接している羽後町で使われる。

がんど【強盗】強盗。※昔は、強盗のふりがなは「がうたう」。その「がう」が「がん」、「たう」が「ど」となったもの（秋田のことば）。

【き】

きかね【聞かない】『形容動詞』気が強い。勝気だ。腕白だ。粗暴だ。※「聞かん気」「聞かぬ気」の転化。「あこなえの息子だば、きかねがら、うっかりかがわらえねど」（あそこの家の息子は、うるさいから、うっかり関わり持たれないよ）

きぐち【窮屈】『形容動詞』きゅうくつだ。→きちきちで

ききり『木切り』木こり。→こびき

きさじこぐ・きさじまげる【利いた通ぶる】『句』①身なりを飾り立てる。おしゃれする。めかす。②気取る。いい気になる。※「利いた通」の転化。「キータツー→キタヅ→キサヅ」と転じた（語源探究）。

きじたがれ【気随猛れ】きじたげる人。→たんぱら、きじたげる

きじたげる【気随猛る】〘句〙短気を起こす。向きになる。癇癪をおこす。すぐ怒って暴れたりする。※「きずい（気随）」は、わがまま、勝手、「猛-たけ-る」は興奮する、という意味。これが一緒になると、すぐ怒って暴れたりする様子が浮かんでくる。「ちょこっとしゃべれば、すんぐきじたげる」（ちょっと注意しただけで、すぐ口ごたえする）、「きじたげで、やねくてもえ」（そんなに向きになって、やらなくてもいいよ）↓きじたがれ

ぎじっと〘副詞〙堅く。しっかり。「紐で、ぎじっとしばる」（紐で、堅くしばる）

ぎしゃばる【義者張る】しつこく言い張る。虚勢を張る。力む。↓ねこばる

きしゃわり・くしゃわり【気色悪い】〘形容詞〙気に障る。いまいましい。困る。あきれる。うっとうしい。煩わしい。面倒だ。「思いもしねごど言われで、きしゃわり」（思いもしないことを言われて、気に障る）

きじょっぺ【生（き）塩っぱい】〘形容詞〙塩気が強い。塩分が多い。塩辛い。「この味噌、きじょっぺな」（この味噌は、塩気が強いね）↓うらあみゃ、くぢほろぐ、しょっぺ

きちきちで〘副詞・擬態語〙窮屈な様。「この服だば、きちきちでぇくて着らえね」（この服は、窮屈で着られない）※「きちきちで人」といえば、融通の利かない人、生真面目な人、となる。「ぎちょげ」にも通ずる。↓がじがじで、がりがりで、きぐち、ぎちょげ

ぎちょげ〘形容動詞〙意地っ張り。融通が利かない様。偏屈。頑固。※「ぎちょがい」で全国的に通用するようだ〈語源探究〉。「げ」は鼻濁音。

きっち・きっつ（住）①木製の入れ物（櫃-ひつ-）。※水槽、牛馬の飼い葉桶、米穀の収納箱など用途はい

ろいろ。②木造の倉。物置。③小型くり舟。※一本の杉材をくりぬいて作られた丸木舟。

きっつぁが・きっさが【屹っ坂】（自然）急な坂。きつい坂。急こう配。↓はなこしり

ぎとぎとで『形容詞・擬態語』油っこい様子。「このラーメン、ぎとぎとでぇ」（このラーメン、油っこいねぇ）

きどごろね【着所寝】着物を着たまま仮眠すること。うたたね。ごろ寝。「酔っぱらってきどごろねしたおの、かじぇひぐなあだりめだ」（酔っぱらってきてそのままごろ寝するから、風邪ひくのは当たり前だ）

きどめめじ（環形動物）太くて大きいミミズ。太ミミズ。※「きど」とは「木戸」あるいは「家」のこと。これが太ミミズとどうしてつながったか、調べたが不明。↓たまくら②、ふとめめじ

きのひり・きのしり【木の尻】木の燃え残り。薪の燃えさし。〈西馬音内盆踊り地口より〉〜囲炉裏の木のひり　一本になったら火箸を取り寄せで　ハアソレソレ　いぶるのけぶるの　つづぃだりほったりぶったりただいたり

ぎばさ（海藻）アカモク（赤藻屑）。※ホンダワラ科の海藻で、ヒジキも同じ科に属する。山形では「ぎんばそう」、新潟では「ぎんばそ」、富山では「ながらも」と呼ばれる。↓まつぼ

きぱっと・きちっと『副詞』ちょうど。きっちり。「勘定してみだば、きぱっと合ってだ」（計算したら、きっちり合っていた）

きびえ・きみえ【気味が好い】『句』いい気味だ。胸がすく。ざまあみろ。※普段から良く思ってない人が失敗したり、不幸な目にあうのを見て、あざ笑うときに使うことが多い。あまり使いたくない言葉だ。

「へっ、きびえ。ばぢあだたんだべ」（へっ、ざまあみろ。罰（ばち）当ったんだろ）

きびちょ【急焼・急須】（道具）急須。酒をかんする土瓶。醤油さし。※「急焼」の唐音「きゅうしゃ」が「きびしょ」「きびちょ」に転化し、明治以降は「きゅうす」と発音されるようになった〈大辞典〉。秋田の方言だと思って取り上げたが、このように全国的に使われており、方言とは言えないようだ。

きびわり『気味悪い』『句』恐ろしい感じがする。気持ち悪い。薄気味悪い。「あこのあぎや、きびわりな」（あそこの空き家、薄気味悪いね）

きもやぐ【肝を焼く】『句』腹を立てる。怒る。叱る。「騒げば先生きもやぐど」（騒ぐと先生に怒られるよ）

ぎゃ『接尾助詞』～ですか。～しますか。※動詞などに付けて、問いかけの丁寧語にする。尻上がり発音。「尻下がり」になると、きめつけるような語調になり、いやーな感じになる。実際発音してみるとすぐ分かる。「これ、何だぎゃ」「もう遅ぐなった、タクシーでも呼ぶぎゃ」→んし

きゃきゃしね『形容詞・擬態語』まだるっこい。じれったい〈県南〉。

ぎゃぎゃだ『形容動詞・擬態語』言いすぎだ。やりすぎだ。「それだば、ぎゃぎゃだべ」（それは、あんまりだ）※2回目の「ぎゃ」は鼻濁音。こうしないと湯沢・雄勝弁にならない。

ぎゃぐり・げぁぐり（住）家のまわり。付近。※「がわ（側）ぐり」の転化。

きゃぐりゃ　買い食い。※「かいぐらい」が「きゃぐりゃ」に変化したか。夜店を渡り歩き、買い食いをする情景はよくあった。

きゃじ・きゃづ【彼奴】『代名詞』あいつ。あれ。

※「か（彼）やつ（奴）」の転。第三者を卑しめて、また親しみを込めたりふざけたりして呼ぶ語〈広辞苑〉。

↓しゃじ

きゃじぎ・きゃんじぎ【樏・橇】（履物）かんじき。※雪の中に足を踏み込んだり滑ったりしないように靴の下にはく、木の枝や蔓などを輪にしたもの。近年、プラスチック製もある。

きゃじぎたに・こちきたに『副詞』こんなに。そんなに。

きゃじげたおの・こちきたおの　こんなもの。「きゃじげたおの、いらね！」（こんなもの、いらない！）。「げ」は鼻濁音。

きゃす【返す】（借りた物を）返す。

きゃっこ・きゃっこまま　お粥。※かゆっこ↓きゃっこの転化。

きゃって『副詞』かえって。むしろ。「近道だど思ったば、きゃって時間かがった」（近道だと思ったけど、かえって時間かかった）※隣の由利地方では、同じ意味で「けっく」という〈本荘ことば〉。

きゃど・かえど【街道】街道。道路。

きゃになる・けぁになる　邪魔になる。※「きゃ」の出自は「気」であろう。キニナルからキャニナルに転化した。（東成瀬村・仙人の郷流『俳句・川柳』より）「あただおの　きゃになるばりだど　あぐでぁつぐ」

きゃね・けね【甲斐無い】『形容詞』①（身体的に）か弱い。虚弱な。②（精神的に）意気地がない。

↓よしぇ

きゃねぐする・けねぐする【甲斐無くする】『句』軽くあしらう。ぞんざいに扱う。粗末にする。

ぎゃらくと（両生類）おたまじゃくし。※カエルの子の意の「ぎゃるこ（蛙子）」の転化と考える。↓びっ

き

きゃり・きゃりっこ【還り】おつり。釣銭。

きゃる【帰る】かえる。「家さ、きゃる」（家に、帰る）、「汽車で、きゃる」（汽車で、帰る）

きゃんこ（魚介類）貝。※旧雄勝鉄道の「貝沢」駅は「キャザワ」または「キャザ」と発音する。この電車に乗ったある人が、「貝沢」に停車したら「カイザワ、カイザワ」と言う駅員の声を聞いて「おがしな、こごぁキャザだどもな」と言ったという〈「雪國」四八号、伊藤武三氏〉。

きゅうりょうとり【給料取り】勤め人。サラリーマン。

ぎょさめる【興冷める】興ざめする。幻滅する。

きらす ①破る。裂く。「きるおのきらした」（着物を破った）、「鼻緒きらした」（下駄の鼻緒を破った）②絶やす。無くす。「たばごきらした」（たばこ無くなった）

ぎり ①線。境界線。※「切り」「限り」から由来するものであろう〈秋田のことば〉。②『副助詞』ごとに。たびに。「一年ぎりに植え替える」（一年ごとに植え替える）

ぎりっと『副詞』さっぱり。まったく。少しも。「わらしたぢ、ぎりっと来ねぐなた」（子どもたちは、さっぱり来なくなった）※下に打消しを伴って使われる。→なったり

きりはり けじめ。切れ目。限度。仕舞い。※「きり（切り）」は「けり」と同じく、「物事の終わり」「結末」という意味だから、「はり」で語意を強調したものと考えられる。「遅ぐなたがら、きりはりゃえぐ帰れ」（遅くなったから、けじめつけて帰りなさい）

きる・きるこ【煙管】きせる。※「きせる」の音変化した形。（東成瀬村・仙人の郷流『俳句・川柳』よ

り）「いっぷぐだ　はどめさすわって　きるこふぐ」

きんな・きんにゃ【昨日】きのう。

ぎんぎんて『副詞』力強く。勇んで。勢いよく。しっかり。「ばんげ飲みがだどて、ぎんぎんて出がげで行った」（今晩飲み方があるというので、勇んで出かけて行った）

【く】

く（「食う」の短縮形）食べる。↓け（食べなさい）、こ（食べよう）

ぐえぁわり【具合悪い】『句』都合悪い。体調が悪い。

くえる　穴をふさぐ。↓くわぐ

くぎざっこ（魚介類）ウグイ（鯎・石斑魚）。※コイ科の淡水魚。「くき」はウグイの異名。北海道から九州まで広く分布しており、河川、湖沼、沿岸部に生息する。県内ではほとんどすべての大・小河川に生息している。体長は十～四十㎝とさまざまである。四～六月には、産卵のため雄物川を遡上してくる。↓あぶらっぺ、つぎざっこ、はりざっこ

くぎぶち【釘打ち】（遊び）釘打ち遊び。※釘の頭を持ち、振り下ろして地面に刺す。相手の釘にぶつけて弾き飛ばすと、相手の釘をもらえる。「ぎ」は鼻濁音。

ぐぐど『副詞』急いで。さっさと。早く。ぐずぐずしないで。手際よく。「なにもかもかしてる、ぐぐど来い」（なにぐずぐずしている、早く来なさい）↓ちゃっちゃど、どうどど、もかもかじ

くけで【絎台】（道具）着物などを仕立てる際、布地がたるまないように一端を吊っておく台。※裁縫用具の一つ。

くさじたがれ　人から顰蹙（ひんしゅく）を買うようなおしゃれ又は化粧をする人。※「くさじまげる人」の意。↓くさじまげる、からくさじ

くさじまげる・きさずまげる・くさじこぐ・きさじこぐ〘句〙いい振りをする。めかす。生意気に振る舞う。「むぎゃのあねさん、どごさでがげるなだが、くさじまげで行ぐ」（向かいの姉さんは、どこに出かけるのか、おしゃれをして行く）→からくさじ、くさじたがれ

くされ【腐れ】①不運。運の悪い人。「あこなえでなば、父さん亡ぐなたばりなのに、こんだ、息子が交通事故だど、くされだな」（あそこの家では、父親が亡くなったばかりなのに、今度は、むすこが交通事故に遭ったとよ、運の悪い人だねえ）※「腐れ」は、一般的には、欠点を見つけてはけなす、けちを付ける、難癖を付ける意がある。従って、他地域ではこんな使われ方をする。②女。※女性を蔑んでいう卑語（県内では北秋から由利・平鹿あたりまで）。③役立たず。ばか。※人を罵って言う語で、鹿角、北秋、河辺、由利のあたりで使われる。

くされたまぐら【腐れ環輪】いろんなことに口出しして出しゃばる人。お節介者。※腐って緩くなった「たまくら」は、どんな道具にもはまることから、こんな意味になった。→たまぐら

くじ（ぢ）あびゃ・くじあべ【口塩梅】しゃべり具合。「くじあびゃえ人だ」（お世辞がうまい人だ）

ぐじぐじで〘形容詞・擬態語〙いつまでもはっきりしない様。ぐずぐずしている様。

くじほろぐ →くぢほろぐ

ぐじめぐ・ぐちめぐ【愚痴めぐ】ぐずぐずした態度をとる。ぶつぶつ文句を言う。※「めく」は、そのような状態になる、それに似たようなようすを示す、の意。「春めく」「なまめく」「ざわめく」など〈大辞典〉。従ってここでは、愚痴みたいな言い方をする、ぐらいの意か。

くじる【抉-くじ-る・穿-ほじく-る】（鼻くそ、耳垢などを）ほじくる。ほじる。※どちらの字が適当か迷う。

ぐじる【愚痴る】愚痴をこぼす。ねちねちする。

くずや【葛屋】茅葺きの屋根。またはその家。

くせけ【癖気】（身体）つわり。

くそえぼ【くそ疣-いぼ-】（身体）いぼ（疣）。※皮膚の表面に出る小さな突起。「いぼ」にわざわざ「くそ」を付けたのは、「嫌なもの」という意を付けたものと思う。

くそたれなんぎ【糞垂れ難儀】無駄な苦労。大変な苦労。「田んぼの消毒でぎだば雨降ってきて、くそたれなんぎだった」（田んぼの消毒ができたと思ったら雨が降ってきて、無駄仕事になってしまった）

くそへび【糞蛇】（ヘビ）マムシ。※毒を持つマムシを忌み嫌って、「くそ」を冠して名としたものであろう。東北一円から静岡、愛知あたりまで分布〈秋田のことば〉。

くそまぐらえ【糞喰らえ】〖句〗喧嘩などで、負けた方が捨てぜりふで使う口汚い言葉。

くそり【薬】くすり。※第二音節、ウ段からオ段への母音交替。

くたらねぁ〖句〗しまりがない。「あこなえのあんこ、くたらねくて、えのながもじゃねぐしてる」（あそこの家の息子、しまりがなくて、家の中を乱雑にしている）※もともと、下らない、つまらないの意の語であるが、転じて、その中の一局面（しまりがないこと）に限定して使っている〈秋田のことば〉。

くだりもの【下り物】上方（かみがた）より取り寄せたもの。※「下り」とは、「都（上方）から地方へ」ということ。明治維新以前は京都に皇居があったため、京都およびその近辺を指して「上方」と称していたが、ここでは、東京や大阪などの大都会を指している。

くぢきぐ【口利く】〖句〗①（子どもなどが）反抗的な言い方をする。悪口を言う。（目上の人に言われたことに対して）口答えをする。②とりなす。仲裁する。斡旋する。

くぢほろぐ〖句〗非常に塩辛い様子。※「ほろく」は、振るう、ゆする。従って口を振るうほどしょっぱい、という意味になる。「このぼだこなば、くぢほろぐほどしょぴゃがた」（この塩鮭は、大変塩辛かった）↓きじょっぺ

ぐちゃべる【ぐ喋る】おしゃべりする。よくしゃべる。※「ぐ」をつけて「喋る」を強調した。口数の多いことを卑しめて言う。要するに饒舌（じょうぜつ）なこと。

ぐちゃめぎ〖擬声語〗ぬかるみ。泥濘（でいねい）。

ぐちゃめぐ〖擬声語〗ぬかるむ。

ぐちゃわがす・ぐちゃめがす しゃべりまくる。余計なことを喋り散らす。「ぐちゃめがす人で、こっち、くたびれる」（しゃべまくる人で、こっちの方がくたびれる）

くで【食いてぇ】食べたい。

くで【諄-くど-い】〖形容詞〗①しつこい。②色彩や味が濃厚である。※前項との発音の違いは微妙なり。この違いを発音できれば、湯沢・雄勝弁の上級。

ぐどい 理解が鈍い。「あれだばぐどくて」（あの人は理解が鈍くて）

くな ①来るな。②食べるな。③よく食べるなあ。（③のときは「くなぁー」となる。）

くにする【苦にする】非常に気にかけて心配する。

くになる【苦になる】気にかかって、心の重荷になる。

くびかがり【首懸かり】首吊り。

くびこのり【首こ乗り】肩車。※子どもが首にまたがって肩に乗ること。→さるこばれ

くびた【首玉】（身体）首すじ。首。※「くびったま」の転化。

くべ【食うべえ】食べよう。→「こ」と同義

くべる【焼べる】火に入れて燃やす。「薪をくべる」※方言だと思いがちだが、方言ではない。

くぼ【蜘蛛】（虫）クモ。※「くも」の音変化した形。

ぐみっこ 三つ編み。三つ編みにした女の子の髪。

くらし【暮らし】日々の生活。生計。※これは変哲もない言葉。しかし、「暮らした家ーえー」は、懐古的に「良い暮らしをした家」となり、「暮らした人」といえば、「良い暮らしをした人」という意になる。

ぐらっきゃりする・ぐらきゃる【ぐらっ返りする】『句』足首をひねる。ひっくり返る。よろめく。※「ぐらつく」プラス「返る」で、よろめいてひっくり返る。

くわえどごね【銜ーくわーえ所無い】『句』つかみどころがない。特徴がない。取り柄がない。※この「銜ーくわーえる」は「捕らえる」または「つかむ」と同義〈語源探究〉。

くわぐ ①【銜く】口または歯でくわえる。（「銜える」の転化）②穴などを塞ぐ。→くえる

ぐん・ぐんめぁ 仕事などの計画。工夫。工面。はかりごと。「もっとぐん良(え)ぐしぇでぁ」（もっと手筈よくやれよ）※「グメン（工面）」のメの脱落か、グメンの音韻転倒グンメの下略か〈語源探究〉。

【け】

け ①食べなさい。（「食え」の短縮形）→く、こ ②来い。（「来い」の転化）※湯沢・雄勝では「来い」

の意味では、めったに使わない。

げぁぐり　→ぎゃぐり

げこいわい【下向‐げこう‐祝い・還向‐げこう‐祝い】社寺に参拝した後のなおらい（直会）。

けざがる　→けつぁがる

けしねびづ【褻米‐けしね‐櫃】（住）米びつ。※「褻‐け‐」とは「普段の、日常の」の意。従って「けしね」は飯米のことを指す。「褻」は見慣れぬ漢字だが、「衣」の間に「執‐げい‐」をはさんだもの。ついでに、「芸」の間にはさむと芸の旧字体「藝」になる。

げしょぐ【下宿】下宿屋。※「げしゅく」の音変化した形。

けだ・ける【食える】食べることができる。

けだにびょう【ケダニ病】（身体）ツツガムシ病。※ツツガムシの幼虫が媒介する病原体・リケッチアによっておこる急性発疹性の感染症。野ネズミや鳥類などに寄生する病原体保有のツツガムシ幼虫に刺されることによって、皮膚を通して感染、発症する。「ケダニ」はケダニ科のダニだが、広く別科のツツガムシ科のダニも含めた、やや大型のダニの総称。「ケダニ博士」として有名なのは、湯沢市内館の医師田中敬助（文久二年〜昭和二十年、八四歳）である。東京大学医学部を卒業して帰郷、「ケダニ病」の研究と治療に生涯をささげた。雄物川、皆瀬川流域は、「ケダニ病」の発生地として知られ、弁天の角間地区の神社には「毛ダニ地蔵」がまつられ、参詣者は死者を供養し、生命の安全を祈願する。

けちぞり【尻橇】（遊び）雪の上を尻ですべる遊び。

けちたぶ・けちたぼ（身体）臀部。尻の肉のついたところ。※「尻臀（しりたぶら）」の方言形、ケツタブラのラが脱落したもの。分布は県内一円のほか、宮城、山形、岩手。

けちだんこ【尻穴】（身体）肛門。※「だんこ」だけでも「尻-けつ-の穴」という意味になる。

けちなぎゃ・けっちなぎゃ【尻長い】〖句〗長居である。ながっちりである。「あのお客さん、すわるど、けちなぎゃくて困る」（あのお客さん、座ると、長居するので困る）

けちまぐる【尻捲る】〖句〗追い詰められて逆に強気な態度に出る。居直る。開き直る。反発する。

けちまめ・けつまめ【蚕豆・空豆】（植物）そら豆。※どうして「けちまめ」というのかは簡単、豆の形がお尻の輪郭に似ているから。この豆は、古くから中国で栽培され、日本には江戸時代に渡来、漢名は蚕豆（さんとう）。しかし長楕円形の鞘が空に向かって直立するので、日本では「空豆」という字をあてた。それでどちらもそらまめと読む。

けつぁがる・けざがる「居る」の卑語。〖補助動詞〗〜ている。「まだけつぁがる」（まだ居るのか）、「まだでぎねが、今まで何してけつぁがた」（まだ出来ないのか、今まで何していたんだ！）※年長者からの詰問調で言う乱暴な言葉。あまり使わない方がいい。分解すると、接頭語「けつ」＋動詞「居る」＋助動詞「あがる」＝「けついあがる」→「けつぁがる」となる。「けつ」も「あがる」（または「やがる」）も「居る」に卑しみ、ののしる気持ちを添える。同じような意味で、「けつかる」という共通語がある。

けっち【尻、穴】①（身体）お尻。②びり。最下位。

けっち【吝嗇】けち。※前項と同音でも、アクセントに違いあり。

げっぱ・けっち【下っ端】びり。最下位。最後。※「したっぱ」と読めば別の意味になる（身分や地位が低いこと。また、その人。）。北海道、東北一円で通用する。「運動会の走りっこで、まだげっぱになた」

（運動会の競走で、またびりになった）

けなだれ【毛の垂れ】①牛馬や鶏の毛並みや光沢。②家柄。人品。③色香。魅力。④服装。身なり。風采。「あれ、これだけなだれ悪いな」（あの人、最近風采が悪いな）

けなり・けなりい〖形容詞〗うらやましい。「おめのせがれさんまだ、よぐでげで、けなりな」（あなたの息子さんは、よく勉強ができて、うらやましいなあ）※「けなりい」は文語形容動詞「異（け）なり」の形容詞化したもので、原義は「すばらしい。大したものだ」で、対象がそのように格別であるので、「そうありたいと思うさま。うらやましい」の意となった〈秋田のことば〉。発音に種々違いがあるものの、全国的に分布。

けなりがる うらやましがる。ねたむ。「その新しい着物着て、見せびらがしぇば、みんなけなりがるど思うよ」（その新しい着物を着て、見せびらかすと、みんなうらやましがると思うよ）※形容詞「けなり」に、接尾語「がる」が付いたもの〈大辞典〉。

けね【甲斐無い】〖句・形容詞〗①張り合いがない。効果がない。値打ちがない。詮無い。※「け」は接尾語「がい」の短縮形。（多く動詞の連用形に付いて）その行為の結果としてのききめ、する値打ちを表す。生きがい。やりがい。〈広辞苑〉。「あれだば何けでやても、お礼のこどばこもねがら、やたけねな」（あの人は何をくれてやっても、お礼の言葉もないから、やっても張り合いがないね）②容易だ。簡単だ。たやすい。「そただごど、けねべた」（そんなこと、たやすいことだ）

けはぐまげる【軽薄をいう】お世辞を言う。追従を言う。へつらう。機嫌を取る。※「軽薄」は、古い言い方で「お世辞」「おべっか」あるいは「追従」ついしょう」という意味もある。湯沢・雄勝弁にはこんな古い言葉が残っていた。「あのあばだば、くぢあびゃえくて、人さけはぐまげでばしいる」（あの女の人は、口が巧くて、人におべっかばかり言っている）

けぶて・けぷて【煙たい】①けむい。けむたい。②敬遠したい気持ちである。窮屈だ。けむたい。→えぷて

けら・けらこ【螻蓑】（衣類）藁で作った肩や背中の当てもの。※「螻蓑（けらみの）」の下略。→ねこげら

けらけら ①下したっ端。（「家来分」からか）②軽々しい感じの笑い声。

けらつづぎ・けらほじぎ（鳥類）キツツキ（啄木鳥）。※「けら」は多分鳴き声に由来する〈秋田のことば〉。

けり（履物）靴。※履物をいうアイヌ語「けいれ」から〈大辞典〉。長靴は「ながけり」、革靴は「かわけり」という。

ける【呉れる】あげる。相手に物を与える。→けれ

けれ【呉れ】ちょうだい。ください。→ける

げんげ・ぎゃに・ででゃ『副詞』かなり。ずいぶん。とても。※同じ意味でいろんな発音があることは承知しており、ここ湯沢・雄勝でも一つでない。聞き取りしてみると「ででゃ」が多い。→ででゃ

【こ】

こ【食おう】食べよう。→く、け

こ『接尾語』名詞に付いて、多くは小さい意、親しみの情を表す。※湯沢・雄勝では語呂さえよければどんな名詞にもつける（犬っこ、飴っこ、魚っこ、茶碗こ、じぇんこ、酒こ、味噌こ等々）。〈西馬音内盆踊り地口より〉〜棚コの隅（しま）コの笊コの蒜（ひろ）コ　味噌コで和えだどさ　ハアソレソレ　木皿(かさ)

コですぐって座頭（ざど）コさ食（か）しぇだばうまいと喜んだ

こうでや【鴻大-こうだい-】『副詞』はなはだ。非常に。大変。すばらしく。かなり。「これは、こうでゃえな」（これは大変いいねぇ）、「おら、学校さひゃるのに、こうでゃ難儀した」（おれは、学校に入るのに、かなり苦労をした）

こえづが【肥塚】（住）堆肥を作って積んでおく場所。

ごえっと・ごえり『副詞・擬態語』①ぐっと一気に。思い切って。「なぼが、喉かわえでだもんだが、コップの水ごえっと飲んでしまた」どんなにか、喉が渇いていたのか、コップの水を一気に飲んでしまった）②あらあらしく。全部。すっかり。根こそぎ。「目離したすぎに、俺の手がら、ごえっともっていった」（目を離したすきに、おれの手から、すっかり全部持って行った）③突然。急に。いきなり。「挨拶もさねで、ごえっと帰ってしまた」（挨拶もしないで、突然帰ってしまった）④ずばり。率直に。※他人が取り付く島もない様な物言い。「あの人だば、人の話もきがねで、ごえっとしゃべるおな」（あの人は、人の話もよく聞かないで、取り付く島もなくずばりと物言う人だ）

こえひぎ【肥曳き】堆肥運び。

こが（道具）醸造用の大きな木桶。味噌・醤油・酒の醸造または貯蔵に用いる大桶。※「こ」は、木の意。「か」は、容れもの瓮（カ）（甕-かめ-の別体、公プラス瓦）という説あり〈語源探究〉。「みそこが」は「味噌桶」の意。→はぎり、はんぞ

こきたね【小汚い】どことなく汚れている。薄汚い。

ごぎり・ごぎれ【後家入り】後家の家に婿入りすること。また、その人。※日本最初の実測地図を作製した江戸後期の地理学者・測量家、伊能忠敬（いの

うただたか）は「ごぎり」だそうです。調べれば、他に沢山有名な方がいるでしょうが、まずはこの方だけ。

こぐせ・こぶせ【子伏せ】母親が我が子を必要以上にかわいがること。身びいき。※本来は「こぶせ」と発音すべきだが、わが湯沢・雄勝では「こぐせ」と聞こえる。

こごまる・かがむ【屈まる・踞まる】①背中を丸めてしゃがむ。②お辞儀する。（自分の体を折り曲げることから。）※子どもをおんぶする恰好か。北秋では、「しゃがむ」「うずくまる」の意味で「ちぢこまる」という〈大舘方言〉。湯沢・雄勝では、「縮こまる（ちぢこまる）」といえば、。原義通り「寒さ、恐怖などで、体を丸めて小さくなる」という意味で使うようだ。物理的に小さくなることのほかに、威嚇や弾圧に圧倒されて気持ちや言動が萎縮する意に。↓かしげる、ちぢこまる、ちぢぼっこする、ねまる

こごり【凝り】凝固したもの。かたまり。※「雪のこごり」（雪のかたまり）、「土のこごり」「塩のこごり」「砂糖のこごり」「魚の煮こごり」など。

こごる【凝る】①液状のものが冷えて凝固する。②こごらかる。こぐらかる。※糸などがもつれて絡まる。話がもつれてややこしくなる。「糸ほごしのどぎ、端こくぐしたば、こごれて、とげねぐなてしまた」（糸ほぐしのとき、端をくぐらせたら、絡まって解けなくなった）

こざぎねり・こざきがゆ【粉裂練・粉裂粥】（食品）米を砕いて作る粥状の練り食品。※「あさじげ」ともいう。語源は分からないが、漬物の「浅漬け」とは違う。「こざぎ（粉裂）」は、米を搗（つ）くときに砕けた小米のこと。この砕けた米を前夜から水に浸してざるにあげ、すり鉢ですりつぶす。水を加えて弱火で練り上げ、合わせ酢ですしのように調味して、ゆで

たカブなどを加えて混ぜたもの。近ごろは、山菜や缶詰の果物などを添えて、言わばデザートのようにして食べる。全県的に通用する。

こじける・こちける【拗ける】①すねる。むくれる。いじける。ひねくれる。つむじを曲げる。「あの子、ごしゃがれだけ、こじけでしまて、朝めし食わねで、学校さえた」（あの子は、注意されたら、機嫌損ねてしまって、朝食を食べないで学校へ行った）↓えがばる、むちける　②こじれる。もつれる。混乱する。※物事がうまく運ばない、病気や作物の生育が悪くなる。「油断して、風邪こじけらしぇでしまた」（油断して、風邪をこじらせてしまった）

こしゃぐ【小癪】知ったかぶり。お節介。生意気。こざかしいこと。※「小癪」は方言ではないが、「こしゃぐまげる」の前段として取り上げた。

ごしゃぐ【後世-ごせ-を焼く】腹を立てる。怒る。叱る。※「ごせやく」→「ごしゃぐ」。また、「五臓を焼く」転化だとする説もある。〈秋田のことば〉では両方併記している。→ごしゃげる

こじゃぐし・こぜぁぐし【木細工師】指物大工。指物師。※建築大工に対して、障子、襖、家具、戸棚、机、箪笥など、木の板を指し合わせて組み立てて作る大工をいう。

こしゃぐまげる〔句〕小癪なことを言う。小癪なことをする。出過ぎた言動、行いをする。※「小癪なことを言う」の転化。子どものくせに大人びたことを言う、あるいは、行う。→こしゃぐ

ごしゃげる【後世-ごせ-が焼ける】腹が立つ。くやしい。不満で気分が悪い。「ねぇごどしゃべらえで、ごしゃげでしまた」（ありもしないことを言われて、腹が立ってしまった）※「ごせやける」→「ごしゃげる」。直接人に不満をぶつけることもできない、愚痴のよう

な言葉か。

こしゃる・こへる【拵える】①こしらえる。つくり上げる。造る。「あだらし家、こしゃるどごだ」（新しい家を、建てるところだ）②おしゃれをする。身繕う。かざる。③魚、肉などを料理しやすいように切り分ける。調理する。

こじょわり・こんじょわり【根性悪い】『句』意地悪だ。性格がよくない。「けね人さ、そんたこじょわりごど、すもんでね」（丈夫でない人に、そんな意地悪なことを、するもんでないよ）→しょねわり

こずぎゃ【小遣い・小使い】→こづぎゃ

こぜぁぐし →こじゃぐし

こただ『連体詞』このような。→こちぎた

ごたば・ごたら『接続助詞』～ならば。～ぐらいなら。～のだったら。「寝るごたば、あちゃ行って寝れ」（寝るのだったら、あっちへ行って寝なさい）

こちぎた・こただ『連体詞』こんな。このような。「こちぎたおの」（こんなもの。こんな奴）、「ぎ」は鼻濁音。※指示するもの（修飾される体言）を罵倒する意味が含まれ、物や人に対して、侮蔑的な言い方になる。→こただ、あちきた、そちきた

こちぎでね【こ好きでない】気に食わない。好きでない。憎たらしい。※「好きでない」に、強調・軽べつの意の接頭語「こ」が付いたもの。「あの野郎、こちぎでね」（あいつは、憎たらしい）

こぢける →こじける

こちゃ【此方-こっち-へ】『副詞』こっちへ。こちらへ。→あちゃ

ごちゃごちゃで『形容詞・擬態語』①（衣服が）びしょびしょに濡れている。「雨降ってきて、ふぐごちゃごちゃでぐなた」（雨が降ってきて、服がびしょ

濡れになった）②散らかっている。雑然としている。だらしない。「あこなえなば、部屋の中ごちゃごちゃで」（あそこの家は、部屋の中が散らかっている）→もじゃね、もちゃもちゃで、やちゃくちゃで

こちょがす　くすぐる。※大和言葉「こそぐる」（皮膚を刺激して、くすぐったい感じを起させる）ということばが元になっている〈広辞苑〉。

こちょぐて・こちょこちょで『形容詞・擬態語』くすぐったい。※「こそぐる（皮膚を刺激して、くすぐったい感じを起させる）」と「て（継続）」がつながった「こそぐて」が訛ったもの。

こちょわしね・こちゃしね『形容詞』（挙動などが）うるさい。せわしない。※「しょわしね」に強調・軽べつの意の「こ」が付いて、「しょ」が「ちょ」に子音変換した。→しょわしね、ひくかくで

こづぎゃ　①【小遣】おこづかい。ポケット・マネー。②【小使】用務員の旧称。

ごっきりやる『句』（指導として頭をげんこつで）叩く。※指導のためとはいえ、頭を殴るのは許されない体罰にあたる。その昔、筆者の年代では、学校の先生にゴツゴツやられた。殴られる理由があればまだしも、どうして殴られたか分らないときもあった。

こっこ『幼児語』にわとり。→「とっと」

ごっつぉう【ご馳走】豪華な食事。贅沢な料理。うまい食べ物。

こっぱ【木っ片】（住）屋根ふき材としての木の削り材。こけら板。→がっぱら、ざっぱ

こっぱらもじわり【腹持ち悪い】『句』腹が立つ。

ごでぁ・ごだぇ【五体】（身体）足。※もともとは「ごたいぼね（五体骨）」と言い、頭・頸・胸・手・足の五つの身体部位を表す語であったが、頭・両手・両足の称としても用いられ、さらには全身・からだ全部

をも意味して用いられた。方言では足のみを意味して用いられているが、多分に粗野な言い方と受け取られている〈秋田のことば〉。

ごでぁぎぶるみゃ【御大儀振舞い】冠婚葬祭などの後の慰労会。ご苦労さん会。↓あどふぎ

こでぁらえね【堪-こた-えられない】たまらないほどよい。満足だ。感無量だ。この上もなく素晴らしい。「これだば、こでぁらえね」(これは、素晴らしい)

ごど(住)ごみ。塵芥。※ごんど(塵所-ごみどころ-)の転。「このごど、さらえ」(このごみ、掃除しろ)

ごどぐ【五徳】(道具)炭火などの上に置き、鉄瓶などをかける三脚または四脚の輪形の器具。※「ごとく」の濁音化。囲炉裏や火鉢の必需品だが、物も無くなったので、言葉も死語に近い。↓かぎ、ひゃならし

こどはじかげる『句』困る。予定が狂う。「さげたで(酒立て)さながどいねば、こどはじかげるでぁ」(結納に仲人がいなくては、大変困ります)

ごなごなじ『形容詞・擬態語』弱々しい様子。

こなゆぎ【粉雪】(自然)降り積もったばかりの、乾いた粉状の雪。

こねくりまわす【捏ねくり回す】『句』(物事を)もつれさせる。※「捏ねる」「捏ねくる」には、粉末や土などを液体と混ぜて練る、という意味のほか、あれこれ述べたてる、無理なことを言って困らせる、という意味もある〈広辞苑〉。世の中には、ああでもない、こうでもないといじくる人がいる。

ごねくる ぐずる。文句を言う。「あの人さ酒飲ましぇるど、ごねくるので困る」(あの人に酒飲ませると、ぐずぐず言うので困る)

こねだ【此間-このあいだ-】このごろ。近ごろ。先日。

せんだって。「この服、こねだ着てだなど違うんだな」（この服、この間着ていたのと違うようですね）

このげ（身体）まゆ毛。※「（顔の）甲の毛」から〈語源探究〉。あるいは、「顔の毛」から〈秋田のことば〉。

このはまま【木の葉飯】（食品）→ほのはまま

このまし【好ましい】〘形容詞〙大きくて立派な。すばらしい。見事な。「このまし鮒釣ってきた」（見事な鮒釣ってきた）

こぱずがし【小恥かしい】少しきまりが悪い。妙に恥ずかしい。※方言ではないが、訛りが面白いので採り上げた。「恥ずかしい」に、「ちょっと」「どことなく」という意の「こ」を付けたもので、「こぎれい」「こざっぱり」「こざかしい」などと同じ使い方。

こび ①釜の底に焦げ付いた飯。おこげ。②皮膚にたまった垢のひどいもの。「はなこび」（鼻くそ）

こびぎ【木挽】木こり。→ききり

こびくしゃ【焦げ臭い】〘句〙〘形容詞〙飯を炊いたり、煮物をしているとき、焼け焦げたにおいがする。

こびらがす（ご飯などを）焦げ付かせる。煮過ぎる。※「こげる」（こげつく）の他動詞形として派生した。

こべゃはや【勾配（が）早い】〘句〙敏捷だ。すばしっこい。※屋根の勾配が「早い」、すなわち「急である」ことから、その場に応じての判断が早い、となった〈語源探究〉。または、コベは頭（コウベ）のことで、文字通り「頭の回転が速い」となる〈大舘方言〉。

こへる →こしゃる

こぼろ 子煩悩。

こまっちゃぐれ おませ。※広辞苑に載っているから、方言でもなさそう。子どもが、年に似合わず大人びている様子をいう。

こまもの　反吐（へど）。げろ。※「こまごましたもの」の意からか。→あげる、ほぎだす

こみっと『副詞』ちょとだけ。微妙に。こじんまりと。しんみりと。内輪で。「したら　こみっとやるが」（それじゃあ　ちょっとだけ　飲むか）

こもくら【塵・芥】（住）ごみ。不用な身の回り品。「そんたこもくらぶなげれ」（そんな不用な物捨ててしまえ）※「ごもくた」の頭音が清音化したコモクタから、コモクダ→コモクラと転じたものであろう〈語源探究〉。「ごみ・塵芥」というより、ここでは「身の回りの不用品」。

こやぁ【強-こわ-い】疲れた。だるい。※「こえー」とも聞こえる。「年とったば、ちょっとありただげで、こやぐなる」（年とったら、ちょっと歩いただけで、疲れる）、（東成瀬村・仙人の郷流『俳句・川柳』より）「あやこやで　寄しぇでも投げでも　減らね雪」

こやして『接続詞』こうして。このように。「この漢字は、こやしてかぐなだよ」（この漢字は、このように書くのだよ）

こやらしぐね『形容詞』憎たらしい。「こやらしぐねがぎだごど」（憎たらしい悪ガキだこと）※「小愛-こや-らしい」（可愛らしい）の否定形。

こらえしょね【堪え性がない】『句』我慢できない性格だ。耐え忍ぶ気性がない。

ごり【鮴（魚偏に休）】（魚介類）カジカおよびハゼ科魚類の地方名。※湯沢・雄勝に限った方言ではない。自分の意見や要求を強引に押し通すことを「ゴリ押し」という。その由来は「ゴリ押し漁」からくるが、その「ゴリ押し漁」に諸説あり、いずれもその強引な漁法が類似している。

ころける　年功を積んで巧みになる。ものおじし

ない。老獪になる。※「劫臈-こうろう-を経る」が一語化して、コーローヘル↓コロケルと転じたもの〈語源探究〉。

ごろっとする ①おだてられていい気分になる。得意になり満足する。「あいづ、少し上げだきゃ、ごろっとしてるもんだ」（あいつは、ちょっとおだてたら、まんざらでもない顔をしていた）②自分は関係ないという態度をとる。ごろごろする。「この忙しいのに、一人でごろっとしている」

こわい【強飯-こわめし-・御強-おこわ-】（食品）赤飯。↓あぎゃまま、あずぎまま、ふかし

こわっぱしい【小童しい】融通がきかない、柔軟性がない〈雑記帳〉。※「こわっぱ」は子どもをばかにした言い方、それに「～と感じられる」「～のような性質がある」という接尾語「しい」を付けたもの〈大辞典〉。

こんきゃ・こんこりゃ・こんくれ これぐらい。これだけ。「こんきゃしか、けねてが。まんじ、ねじだごど」（これだけしか、くれないのか。まあ、ケチだこと）。※関連して、「そんきゃ」（そのくらい）、「あんきゃ」（あのくらい）もある。↓ねじ

こんじょわり ↓こじょわり

こんたに・こたに・こただに『副詞』こんなに。↓あんたに

こんたんし【魂胆師】策士。詐欺師。駆け引きのうまい人。仕掛け人。

こんにゃ 今夜（こんや）。今晩。

ごんぼほる【牛蒡掘る】『句』荒くれる。酔ってクダを巻く。駄々をこねる。ねだる。「起ぎでこねで、ごんぼほって寝でら」（起きてこないで、駄々をこねて寝ている）※土中深く入り込んだ牛蒡を掘り出す様子からか。↓えがむ、だじゃぐこぐ

【さ】

さ〖助詞〗へ。に。※体言に付いて、方向を示す。「山さ行ぐ」「家さ帰（きゃ）る」「車さ乗る」「湯さ入（ひゃ）る」など。「どさ」「ゆさ」（「どこへ？」「銭湯に」）は、短い会話の例文として、よく使われる。この「さ」は、東北地方から北関東にかけて分布している〈大辞典〉。↓どさ

さい〖感動詞〗しまった。まずい。「さい、宿題忘れてきた」（まいった、宿題を忘れてきた）※失敗したことに気づいたときの嘆声。人に聞くと、湯沢・雄勝では使わないという。秋田市周辺の言葉らしい。↓あたー、さっさ

ざえっと・ざえり〖副詞〗一気に。勢いよく。※紙などを破るしぐさ。

さが（自然）山あいの小さな沢。「さがさえて、ミズ採ってこい」（沢に行って、ミズ採ってきなさい）

さがし【賢しい】〖形容詞〗賢い。利口だ。頭がいい。勉強ができる。※一方、「小賢しい」となると「分別だけはあるが、人間味に欠ける」という意味になる。これは、いい意味ではなく、湯沢・雄勝弁としては「小賢しい」という意味では使わない。

さがじぎ【盃-さかずき-】（道具）酒を飲む時に用いる小さな器。おちょこ。

さがぶ【叫-さけ-ぶ】①大声でさけぶ。↓よばる
②大きな声を発する。怒鳴る。

さぎあし【鷺足】（遊び）竹馬。※足の長いことからの名称〈語源探究〉。↓だおあし

さぎおどでな【先一昨日】一昨日の前日。※「さきおととい」の訛り。

さきた【先し方】先ほど。さっき。

さぐり【決-さく-り】畑の土寄せ。※湯沢・雄勝で

は、土寄せすることを「さぐりかげる」という。

さげたで【酒立て】結納。※「手結び（てむすび）」とも言う。「立て」は、婚約成立のしるしとして贈る樽に酒を満たすことを「樽を立てる」ということから。ほかに、「もじぎ」（由利）、「口割酒（くじわりざげ）」（南秋・河辺・山形・新潟）、「決め酒（きめざげ）」（鷹巣）、「口固め（くじがだめ）」（能代・仙北）などある〈秋田のことば〉。

さげよっと【酒酔っ人】酔っ払い。

ささぎ【大角豆】（植物）ササゲ。「ぎ」は鼻濁音。※マメ科の一年生作物。ササゲの末尾母音が変化したもの〈秋田のことば〉。

ざざど・ざっと『副詞』簡単に。粗雑に。

ざしざしじ『形容詞・擬態語』ざらざらすること。砂などでなめらかでない様。

さしぼ（植物）いたどり（オオイタドリ）の若芽。※春の新芽を湯がいたり田楽などにして食する。ぬめりがあって、やや酸っぱい春の風味〈本荘ことば〉。

→すかんぽ、どがらんぽ

さずぎまま【五月飯】（食品）→ほのはまま

さずら・さじら【刺】とげ（ひとの肌に刺さった木材などの細片）。

さだげね【定けない】『形容詞』情けない。めんぼくない。恥ずかしい。「あまりさだげねくて、えられね」（大変めんぼくなくて、いられない）

さづぎ【五月・皐月】田植え。※陰暦五月の田植えの時期からか、「早苗月」からか、諸説あり〈大辞典〉。

〈西馬音内盆踊り地口より〉〽今年の田植（さづぎ）は　ほど良ぐ雨降って　水引きぁ楽だった　ハアソレソレ　向がいの嫁こも　おら家（え）の嫁こも　お蔭で満作だ

ざっこつり【雑魚釣り】魚釣り。

さっさ〘感動詞〙あれっ。しまった。おやおや。※失敗した時に発する言葉。「さっさ、まだしくじった」（あれっ、またしくじった）→あだー、さい

さっさど〘副詞〙急いで。素早く。ぐずぐずしないで。

さっと・さっとが〘副詞〙①軽く。少し。ちょっと。素早く。※「さっと湯がく」「さっと焼く」「さっと読む」などの使い方があり、字をあてれば「颯（さっ）と」が適当だろう。「晩げ、さっとやろが」と手に杯を持つしぐさをされれば、のん兵衛は断れない。②簡単に。「だみだしは身内だけで、さっとやった」（葬式は身内だけで、簡単に済ませた）

ざっぱ【雑端】①製材したあとに残る雑片。※燃料として使った。→がっぱら、こっぱ　②料理した魚の頭や骨などの粗（あら）。

ざっぱじる【雑端汁】（食品）魚類の粗（あら）を使った汁物。

さどかんぺ　→さどめんこ

さどべらこ　→さどめんこ

さどめんこ・さどかんぺ・どどべらこ・しゃかめんこ・へらかんぺ（遊び）①雪をかき混ぜて泡立たせる女の子の遊び。※干しておいたしゃかぢ（サイカチ）の実をちぎって雪に混ぜて、しゃもじでこねているうちに粘りが増して泡立ってくる。うまくできれば、卵白を泡立てたようなふわーっとした感じになる。その出来具合を競い合う遊び。ほかに、湯沢・雄勝の域内でも、「しゃかめんこ」「さとべらこ」「さとかんびん」などの呼び方がある。→しゃかじ　②かわいい子ども。特別かわいがる子ども。※単なる「めんこ」（別項）ではなく、砂糖のように甘くかわいがることからか。あるいは、里の「めんこ」

からか。

さね・しね しない。※「する」の否定形。「勉強さねで、遊んでばりいる」（勉強しないで、遊んでばかりいる）

さはぢ【浅鉢・皿鉢】（道具）浅い大形の盛り皿。※宴席で、この大皿に刺身、煮物、焼き魚、すし、野菜などを盛り合せる。

さびぃ・さみぃ【寒い】『形容詞』さむい。

ざひゃにん【座配人】宴席などの進行役。

ざま【様】①様子。背格好。「ざまばし大きくて、何もでげね」（背は大きくても、何もできない）②ののしって言う語。「ざまぁみろ」

ざまぐる ふざける。騒ぐ。戯れる。※無駄なことをして騒ぎまくる様子、たわむれる感じ。

ざまわり【様悪い】『形容詞』醜い。見苦しい。みっともない。みすぼらしい。体裁が悪い。

さもね【然‐さ‐もなし】『副詞』たいしたことない。どうってことない。

さらう 走る。※しあるく（為歩く）→さるく→さらう、と変化した〈秋田のことば〉。川や井戸の底を「浚う（さらう）」のとは違う。

さらかまわね『句』放りっぱなしにする。一切構わない。※「構わない」に強意・卑称の接頭語「さら」の付いたもの。→ほっぽらがす

さるこじぎ・しゃりこじぎ【猿子辞儀】心にもない遠慮。必要以上の遠慮。※猿がずるがしこいことから、猿知恵をはたらかせ、体裁をつくろって、心にもない遠慮をすることを言ったものであろう〈語源探究〉。「飲ましぇれば飲めるくせして、さるこじぎして、しぎでねやづだ」（飲ませれば飲めるくせに、余計な遠慮して、かわいくない）、「しゃりこじぎしねで、前（め）さ出でこえ」（あまり遠慮しないで、前に出てき

なさい）

さるこばれ　肩車。※「猿のようなおんぶ」から。
→くびこのり

さるこむし・しゃりこ（昆虫）アリジゴク（ウスバカゲロウの幼虫）。※「さるこ」の「さる」は「しさる（後退する）」の意。砂地などで、後じさりするように下にもぐりながら、すり鉢状の穴を作って、その穴にひそみ、落下したアリなどの体液を吸う〈語源探究〉。河辺から県南、県外は岩手、山形に分布〈秋田のことば〉。

さわさわじ・ざわざわじ〘形容詞・擬態語〙寒気のする様子。気持ち悪いと感ずること。「あこの道通るどぎ、さわさわじぐなる」（あそこの道を通るとき、どきどきして気持ち悪くなる）

ざんげつ・だんげつ　花火の落下傘。※花火の音がすると、パラシュートを拾いに走った。

さんけねご【三毛猫】（ネコ科）みけねこ。※白・黒・茶の三色の毛が混じった猫。

さんだら【桟俵】米俵の両口をふさぐ藁ふた。

さんだらぼっち【桟俵法師】（衣類）藁で編んだかぶりもの。

さんでめぁ【散田米・作田米】小作人が地主に払う作料（米）。小作米。

さんぱち・さんぱじ【三八】女のおてんば。「さんぱちあねご」（おてんば娘）

さんぺ（履物）藁で作った雪用の半長靴。→しべ、しんべ、すべたら。へどろ

【し】

し　馬車の馬引きが、馬を発進させるときの掛け声。※停止させるときは「だ」。後退させるときは「バイキ」、キはほとんど聞こえない。

しいしいで 【形容詞・擬態語】すうすうする様。清涼感のある様子。「トクホン貼ったば、しいしいで くて、きもぢえ」（トクホン貼ったら、すうすうして気持ちがいい）

しぇぎ 【咳】（動作）せき。

しぇげ 【堰】（自然）せき。用水路。小川。

しぇだて・せだて 【先達て】せんだって。さきごろ。

しぇっかぐ 〘副詞〙せっかく。「しぇっかぐ来てけだのに、あがらねで行ぐてぎゃ」（せっかく来てくれたのに、上がらないで行くのですか）

しぇっきり・せっきり 〘副詞〙精一杯。大いに。思いっきり。※別項「しぇっぺ」の意とほぼ同じ。

しぇづね・せづね・へづね 【切ない】〘形容詞〙①心が苦しい。つらい。②家計が苦しい。③呼吸が苦しい。

しぇっぺ・せっぺ 【精一杯】〘副詞〙①力のある限り。できる限り。②たくさん。いっぱい。十分。「あこの家（え）さ行って、しぇっぺごっつぉなてきた」（あそこの家で、たくさんご馳走になってきた）↓のんのど〈西馬音内盆踊り地口より〉〽どごさ行っても不景気話は しぇっぺ聞ぎあぎだ ハアソレソレ 三味線太鼓の踊りの拍子で 不景気追（ぼ）ってやれ

しぇづらね・せづらね 【節臘-せつろうし】忙しい。慌ただしい。※せつろうし↓せつらしい↓しぇずらねぇ、と転化しているようだ〈大辞典〉。

しぇな・しぇんな・せな 【兄-せな-】兄。先輩。

しぇなが・へなが 【背中】せなか。

しぇね できない。「自分でしぇねくしぇして、人さ言ううな」（自分はできないくせに、人には言うな）↓しぇる・しぇだ

しぇば・せば・そしぇば・ほえば （「すれば」の転化）①〘接続詞〙それなら。そういうわけなら。そ

うすると。「しぇば、何としぇばえのや」（そうすると、どうすればいいのか）、「ビンの蓋コ、ギッシリしめれ。しぇばもれね」（瓶の蓋をしっかり締めなさい。そうすればもれないよ）②〖接続詞〗それでは。それじゃあ。※話の終ったときの切れ目を示す。③〖感動詞〗別れの挨拶に使う言葉。「それではごきげんよう」「それではさようなら」の後の部分を省略した用い方〈広辞苑〉。多くは「しぇばナ」のように「ナ」を付ける。

しぇやみ・せやみ・しぇやみこぎ・せやみこぎ【背病み】怠け者。無精者。（東成瀬村・仙人の郷流『俳句・川柳』より）「ぬぐだまる　こだつの本名　しぇやみばご」　↓からぽやみ、せこぎ

しぇやむ・しぇやみこぐ【背病む】億劫がる、物憂くなる、怠ける。「そたにしぇやみこがねで、早ぐやってしまえ」（そんなに怠けないで、早くやってしまいなさい）※背中が痛いと言って、仕事を怠けることから。

しぇやめる・せやめる【背病める】〖形容動詞〗ものうくなる。おっくうに感ずる。

しぇり【芹】（植物）セリ。※セリ科の多年草。田の畔、湿地に自生。また、水田で野菜として栽培する。三関地区の特産品として有名。春の七草の一つ。

しぇる・しぇだ　できる。やれる。「お前（おめ）、車の運転しぇだが」（お前、車の運転できるか）↓しぇね

しぇる　入れる。※「入れる」の音変化した形。

しぇわまげ・せわまげ【世話焼き】世話やき。おせっかい。

しぇんから【先から】〖副詞〗以前から。「それだばしぇんからわがってだ」（それなら　以前から知っていた）　↓しょで①

じぇんこ【銭-ぜに-】お金。

しぇんしぇ【先生】せんせい。

しぇんべ【煎餅】（食品）せんべい。

じぇんめ【薇】（植物）ぜんまい。

しが・しがっこ【氷】（自然）①つらら。②水面に張った氷。「が」は鼻濁音。

しかげる 水・小便などを浴びせかける。

しかしかど『副詞』順序良く。きちんと。

しかだね・しかだねんし【仕方無い】①ありがとう。（「んし」が付くと、ありがとうございます。）②済みません。恐縮です。「いっつも、いだずらばしして、しかだねな」（いつも、いたずらばかりして、済みません）③可哀そうだ。「あやーしかだね」（まあ、可哀そう）④しょうがない。「なんだて、しかだねごしたもんだ」（なんとまあ、しょうがないことしてくれたねえ）

しかっと『副詞』ちゃんと。しっかり。しゃきっと。「しかっと、押さえでれ」（しっかり、押さえていろ）、「玄関口、しかっと閉めれ」（玄関口、しっかり締めろ）

しがもり・しがむり・すがもり【氷漏り】（住）すがもり。※雨漏りの一種。屋根の氷や雪が解けて、屋根の隙間から家の中に浸みてくる現象。トタンなど屋根材の隙間の毛細管現象と言われている。

しかん →すかんぽ

じぎ・ずぎ 下肥。糞尿。「ぎ」は鼻濁音。→どんべ

じぎこがす『句』機を逸する。チャンスを逃す。※語源の推理。①時機倒-こが-す。②食-じき-焦がす。さてどれでしょう。

しぎじれ →すぎづれ

じぎする【辞儀する】①遠慮する。辞退する。「じぎしねで、くてけれ」（遠慮しないで、食べてください）

②かがまる。頭を下げる。※これが本来の「お辞儀する」という意味に使っている〈雑記帳〉。「ぎ」は鼻濁音。

じぎなし【辞儀なし】『副詞』遠慮しないで。「じぎなしに、くてけれ」（遠慮しないで、食べてください）。「ぎ」は鼻濁音。

しきゃ・すきゃ・すっきゃ【酸っきゃ】①酸っぱい。②けちくさい。③悪賢い。※「その人だば、しきゃたげ分る」という使い方すると、その人のことは、十分すぎるほど知っている、と言う意味になろうか。ここで「だげ」は「たけ」の訛りで、「ほど」と同義。

しきゃる【仕替える】取り替える。交換する。↓ちきゃる、ときゃる

じぐじぐど『副詞・擬態語』ずき（ん）ずき（ん）と。※頭や虫歯や傷口などが、脈打つように痛む様子。

じぐなし 意気地なし。弱虫。※「じく」とは根気、根性、肝っ玉の意〈大辞典〉↓みのごなし

しくる・ひくる 目を閉じる。目をつぶる。

しける・すける ①【助ける】たすける。手伝う。※「たすける」は、「すける」に「手」の意味の「た」が付いたもので、「手をさしのべてたすける」という意味のようである〈大舘方言〉。「いま、しけるがら、おれいぐまでがんばてれ」（いま、手伝うから、俺が行くまで頑張っていろ）②【湿気る】しめる。じめじめする。しっける。※この意味の使い方は方言ではないが、同音なので採り上げた。

しこたま『副詞』どっさり。たくさん。たいそう。「しこたま儲げで、御殿みでなえたでだ」（がっぱり儲けて、御殿みたいな家を建てた）↓びゃっこ

しこもこで・しこもこじ『形容詞・擬態語』①動作や態度がはっきりせず手間取る様。もたもた。ぐずぐず。「しこもこして、さっぱりはがえがね」

（もたもたして、さっぱりはかどらない）②動作や態度がはっきりせず落ち着かない様。もぞもぞ。もじもじ。「あの人、時計ばり見で、しこもこしてるども、なしてだべな」（あの人は、時計ばっかり気にして、もじもじしているけど、どうしてだろうな）③体に異物感がある。もぞもぞする。「背中さ、なえが入って、しこもこじ」（背中に、何か入って、もぞもぞする）→まかまかで、もかもかで

じごろに〘副詞〙勝手に。※「じごろ」とは、「土地の生え抜き者、地域の勝手を知る者」の意あり。「じごろのようにご勝手に」となったものか。フランス語のジゴロは、「女に養われて生活する男」、要するに男妾、ひも。

じさま【爺様】おじいさん。祖父。※「おじいさん」にも「じさ」「じっちゃ」「じっこ」「じい」といろいろ呼称があるが、この「じさま」は丁寧な言い方。

しーしー〘擬声語〙①女性が食器洗いや拭き掃除をする際の掛け声。②幼児を抱いて排尿を促す際の掛け声。

じじ・じじぃ〘形容詞・幼児語〙汚い。不潔だ。

ししける①物乞いする。たかる。おごらせる。「あこなえさ行って、ししけできた」（あそこの家に行って、遠慮なしにご馳走になってきた）。※呼ばれもしない宴席に割り込んだり、他人の家に上がり込んでご馳走になること。図々しい振舞いを非難するニュアンスがある。②失敬する。くすねる。「たばごきらして、人のししけできた」（たばこを切らしたので、人のを失敬してきた）。次の例文分かれば湯沢・雄勝弁一級。「しとのしししけで、こんだおじゃししてら」（他人の寿司を食って、今度はお茶をすすっている）③【煤ける】煤すすに染みて黒くなる。

しじげる①人にものを強要する。「いらねってい

うもの、あまり、しじげるな」（要らないっていうものを、あまり、無理してやるな）②据え付ける。設置する。植え付ける。「あまりあちくて、クーラーしじげだ」（あまり暑くて、クーラーを取り付けた）③躾ける。※礼儀作法を教えて身につけさせる。

ししどし・すすどし〘形容詞〙①行動的だ。やる気ある。「ししどしぐねぐなた」（やる気がなくなった）②悪賢い。抜け目がない。「ししどしやづだ」（抜け目がない奴だ）③出しゃばりだ。あつかましい。ずうずうしい。あくどい。「あれが傍さくるど、ししどし」（あいつがそばに来ると、煩わしい）※湯沢・雄勝では、この③の意味で使われることが多い。語源を探れば、中世・江戸語の「すすどい（鋭い）」をシク活用化してスドシイ、これが訛って「ししどし」となった〈語源探究〉。

しず・しずみず（自然）湧き水。

したおび【下帯】（衣類）ふんどし。↓むしふんどし

したき・したぎ（身体）唾。唾液。※シタは「舌」。キとは、体内より発する漿液のことで、「舌漿」は唾液のこととなる。東北から北関東まで分布〈語源探究〉。↓たんぺ

したきゃ・したば〘接続詞〙そうしたら。そうすると。※「そしたきゃ」「そしたば」の「そ（そう）」を省略した言い方。

したごたば・したごたら〘句〙それならば。※「したら」よりも強い語調で、「そんなことを言うんなら」というニュアンス。

したたて・したって〘接続詞〙そうだけれども。そうは言っても。だって。それでも。「したたて、でぎねものはでぎね」（そうは言っても、出来ないものは出来ない）↓んだたて

じだっと〘副詞〙ぐっと。ぴったり。しっかり。

「じだっと頑張れ」（しっかり頑張れ）、「戸をじだっと閉めれ」（戸をぴたっと閉めなさい）、「あの言葉に、じだっと感じるものが、あた」（あの言葉に、ぴったりと感ずるものが、あった）

したふぎ【下拭き】（道具）ぞうきん。

したむ【滑む】（しずくを）したたらせる。（残りなく液を）したたらせる。（料理材料などに沁み込んだ水分を）静かに抜く。「急須のお茶っこ、したんで飲む」（急須のお茶を、しっかりしたたらせて飲む）。さしずめ、コーヒーをいれるときのドリップみたいなもの。古い言葉だが、湯沢・雄勝弁に残っていた。

したら ①『接続詞』それなら。それでは。②『感動詞』（別れの挨拶として「したらな」）さようなら。ごきげんよう。「したらまんち」（それでは、まず）→んだら

しちゃ・そちゃ【其方へ】『副詞』そっちへ。

しちゃくちゃに『副詞』もみくちゃに。めちゃくちゃに。「紙をしちゃくちゃにして投げだ」（紙をもみくちゃにすて投げた）

じちゃます（幼児が）お座りする。

しちゅっと『副詞』とことん。徹底的に。

じっかり『副詞』①てっきり。多分。恐らく。「じっかり、そんたごどだど、思ってだ」（てっきり、そんなことだろうと、思ってた）②すべて。すっかり。「あれどご、じっかり信用してしまた」（あいつのことを、すっかり信用してしまった）

じっけぁ・じっけぁどり ①年老いたオンドリ。②人間の年老いたやもめ。③人をののしって言う語。※鶏にしても人にしても、成長が止まった状態をいう言葉だから、どういった場面で使われるのか、湯沢・雄勝では使わないので、例文が浮かばない。南

秋、河辺、由利で使われている〈語源探究〉。

しったげ・しんたげ【死ぬたけ】『副詞』死ぬほどの思いで。死に物狂いで。すっごく。

しっきゃ・すっきゃ →しきゃ。

しっぱ・しぱこ 端。下の方。尾。しっぽ。

しっぱしょり【尻端折り】着物の裾をまくり上げて、帯の後ろにはさんでからげること。

しっぱね →しぱね

じっぱり『副詞』十分に。たくさん。いっぱい。
※「しっぱり」の訛り。→えっぺ、でじっと、でっちり

しっぺさがり【竹篦-しっぺい-下がり】（身体）目じりが下がっていること。また、その人。まゆ毛が八の字形になった人相。※本来「竹篦-しっぺい-」とは、禅家で修行者を打って指導するのに用いる竹製の杖〈広辞苑〉。竹篦は一方がたわみ、下がっているので、その形が似ていることから〈語源探究〉。また別に、目尻のことを「しりへ（後方）」と呼び、これが「しっぺ」に転化したとする説もある〈秋田のことば〉。

しっぺはじぐ【竹篦-しっぺい-弾く】指先ではじく。
※一つの指を他の指にかけて弾き打つことだが、これが竹篦で打つ様子に似ているからか、その痛みが似ているからか。「竹篦-しっぺい-」とは、禅家で修行者を打って指導するのに用いる竹製の杖〈広辞苑〉。

しっぺり →すぺっと

してきゃす・してぎゃす【仕出かす】やらかす。手こずる。困ったことをする。「あれだば、してきゃした男だ」（あの人は、とんでもないことをする男だ）

してきゃしもの ろくでなし。

してやっこ『副詞』ちょっとの間。「いま買い物さ行ってくるがら、してやっこ留守番してでけれ」（いま買い物に行ってくるので、ちょっとの間留守番してて

ちょうだい）

しどけ（植物）モミジガサ（紅葉笠）。※山地の林下に生えるキク科の多年草。若芽は山菜として食す。「シデ（垂で）ケ（毛）」に由来するもので、茎頂につく白色の小頭花穂に基づく名称と考える〈語源探究〉。または、アイヌ語由来の名称として、「シド（尾根）オ（末端）ケ（の物）」→「シドケ」（山の斜面に生えている山菜）となる〈古代探訪〉。一応併記しておく。

じとじとで『形容詞・擬態語』べたつく様。「この部屋だば、雨ふるど、すぐじとじとでぐなる」（この部屋は、雨が降ると、すぐ湿っぽく不快になる）

しとねる　①わらびのあく抜きをする。②粉などを湿らせてこねる。

しとぶじ【湿-しと-打ち】赤飯などを蒸かすときに、途中で水を打つこと。「そろそろしとぶだねばな」（そろそろ水をかけようか）

しなしえ・しなこぁえ『形容詞』①手振りが良い。所作がしなやかだ。「あのアネコの踊りっこ、しなしえなー」（あの女性の踊り、しなやかだね）②（餅などの）腰が強い。

じなじなで・じなじなじ『形容詞・擬態語』お菓子などがしっけている様子。「このしぇんべ、じなじなでぐなた」（この煎餅は、湿気てしまった）

しなっと『副詞』静かに。やさしく。※「しんなり」の転化。

しなぷける　萎びる。ひからびる。しおれる。

しなぶる　しゃぶる。吸い付く。「アイスクリームとげできたがら、下がらしなぶれ」（アイスクリームが溶けてきたから、下の方からしゃぶってしまえ）

しなりづえ『形容詞』粘り強い。※「しんなり強い」の転化。

しね　しない。※サ変活用の「する」の否定形。

しね・しんねぁ・しんねぁ・すねっ 〘形容詞〙 ①かみきれない。軟らかくて強い。「しねゃ肉だごど」（かみきれない位固い肉だ） ②しなり強い。負けそうで負けない。弱そうで丈夫だ。「ながながしねゃどごある人だ」（なかなか芯がしっかりした人だ） ※「靭《しな》やか」から「やか」が脱落して訛ったもの。単に堅いだけの意でなく、筋があるとか、しなやかさを含む堅さである。食べ物についてだけでなく、②のように人の評価にも使う。標準語では表現できない。「靭《しな》やか」は「撓《しな》い」にも通じている〈雑記帳〉。

しねぎる・ちねぎる　つねる。「あまり言うごどきがねなで、ほぺたしねぎてやった」（あまり言うことを聞かないので、頬をつねってやった） ↓しねる②

しねこでだぢ ↓でだぢ④

しねらっと 〘副詞・擬態語〙 奥ゆかしく。しおらしく。※「しなしなと」「しねしねと」「しずしずと」も同根。

じねらっと・じねくねど・じねらくねらど 〘副詞・擬態語〙ぐずぐずして。はきはきしない。煮え切らない。「いづまでもじねらっとしねで、早ぐ決めれ」（いつまでもぐずぐずしないで、早く決めなさい！）

しねる ①【拗《す》ねる】すねる。むくれる。②【抓《つね》る】つねる。↓しねぎる

じばじばで 〘形容詞・擬態語〙 汗をかいて服が湿っている様。

しぱね・しっぱね 【尻跳《しっぱね》】 泥はね。※ぬかるみを歩くときなど、衣服のすそにはねあがる泥のこと。「しぇっかぐ、え着物きてたきゃ、車にしぱねかげらえだ」（せっかくいい着物を着て行ったら、車に泥はねられた）

しび【術-スベ-】方法。やり方。手段。「酒飲んだら、やめるしび知らね」（酒を飲み始めたら、ブレーキがきかない）

しぶい（戸などの滑りが）きつい。

じぶずぎゃ【時分使い・時分案内】食事や会合にあらかじめ案内を出しておいて、さらにその定刻前の時分にさらに使者を出す。また、その使いの者。※湯沢・雄勝だけではなくて、全国的にこのような風習があったようだ。今も昔も、主催者はドタキャンに悩まされる。

しふろ【据え風呂】（住）内風呂。浴室。↓ゆどの

しべ【稭】①稲わらの茎。②稲わらの外皮。わらの芯を抜いたもの。打わらのくず。※別項「しべぶとん」はこれで作る。③（履物）しべぐつ。↓へどろ　※当地方では、②か③の意に用いる。

しべたら・すべたら【稭たら】（履物）藁（わら）で作った長靴。↓さんぺ、しんべ、へどろ

しべぶとん・しんべぶとん【藁布団】（住）わらぶとん。※綿の代わりにわらを入れた布団。柔らかくて暖かいので冬用蒲団に使った。↓しべ②

じへらじへら『副詞・擬態語』のらりくらりとした様。煮え切らない態度。

しべらっこ（遊び）①雪上のすべり遊び。※雪の滑り台などのスロープで滑る。②雪道をツルツルに磨いて、通る人を滑らせて転ばせるいたずら。

しまえる　↓しみゃる

しまぐ【繞-しま-く】つかむ。つかまえる。「おれ、こっちしまぐがら、おめぇ、そっちしまげ」（俺がこっちをつかむから、お前は、そっちをつかめ）↓しみゃる

しまぐなね・しまがしぇね・しまがされね【慎莫-しんまく-ならない】手に負えない。始末に困る。

持て余す。※「しまぐたでならね」ともいう。慎莫（しんまく）は、後始末をすること、処置すること〈語源探究〉。「あまりざっこ取れで、しまぐなね」（あんまり魚とれて、手に負えない）

しまっこ・すまっこ【隅っこ】すみ。「この椀こ、棚このしまっこさ、しまておげ」（このお椀、棚の隅のほうに、しまっておきなさい）

じまんまげる『自慢まげる』『句』自慢する。着飾って気取る。おしゃれをする。めかす。「おが、じままげるど、笑われるど」（あまり、おしゃれすると、笑われるよ）※「まける」は言う意。いかにも自慢するように、ものを言ったり、おしゃれをして着ているものを見せびらかすことをいう〈秋田のことば〉。

しみゃる・しめぁる・しまえる　つかまえる。とらえる。おさえる。「にげねうぢ、はやぐしみゃれ」（逃げないうちに、早く捕まえろ）※「締める（まわりから強くおさえる）」が、「つかまえる」と混交してシマエル・シミャルとなったものと考えられる〈語源探究〉。

しめし『湿し』（衣類）おしめ。おむつ。

しめし（ありゃしめし・されしめし）『接続助詞』あるまいし。「過ぎでしまったごど、どうしよもされしめし、別の機会に出直するしかねべ」（過ぎてしまったことは、どうしようもあるまいし、別の機会に出直すしかない）

しもう・しもる【沁みる】しみる。「はっこい水が、歯にしもう」（冷たい水が、歯に沁みる）※一般的な意味として、「皮膚などに痛みを感じる」とでもなろうか。

しゃかじ【皀莢-さいかち-】（植物）さいかち。※マメ科の落葉低木。幹や枝にとげあり。秋、長い鞘（三十センチぐらい）に入った果実を結ぶ。昔は果実を漢

方生薬や石けんの代用とした。↓さとめんこ

しゃかめんこ ↓さとめんこ

しゃがん【左官】さかん。壁塗り職人。

しゃきしゃきで『形容詞』生き生きしている。しっかりしている。元気である。※標準語の「てきぱきとした様」という意味とは、ちょっと違う。「隣のじいさん、八十過ぎだのも、まだしゃきしゃきでおだ」〈隣のおじいさんは、八十過ぎたけど、まだしっかりしているよな〉

しゃくご 物差し。はかり。※「尺衡-しゃくごう-」からか〈秋田のことば〉。あるいは、「尺度-しゃくんど-」↓しゃくの↓しゃくご、と転じたか〈語源探究〉。「ご」は鼻濁音。

じゃごたろ【在郷太郎】田舎者。いなかっぺ。↓じゃんご

しゃじ【匙】〈道具〉さじ。スプーン。

しゃじ『代名詞』こいつ（此奴）。そいつ（其奴）。これ。※話し手の近くにいる人または物を、軽蔑あるいは親しみの気持ちを込めて指し示す〈明鏡〉。↓きゃじ

じゃしぎ【座敷】〈住〉ざしき。

しゃちきたおの・しゃじげたおを そんなもの。

しゃっこ【菜っこ】おかず。※食事の際の副食物を「お菜」ということから。「今日の弁当のしゃっこなえだが、楽しみだ」〈きょうの弁当のおかずはどんなだか、楽しみだ〉

しゃっこい・しゃっけ『形容詞』冷たい 「あやぁまんつ、しゃっこい水だごど」〈あらまあ、冷たい水ですね〉↓はっこい

じゃっちゃ 母親（「あば」よりは上位）。主婦。

しゃっぷ【シャッポ】〈衣類〉帽子。※フランス語の「chapeau／シャポー」から。

しゃで【舎弟】弟。※ちょっとヤクザ用語を連想させる。

しゃぶぎ【咳-しわぶき-】（動作）せき。

しゃぶろ【シャベル】（道具）土砂をすくう道具。※英語shovelからの「シャベル」が訛っもの。同じ意味の「スコップ」は、オランダ語schopから。

しゃりこ →さるこむし

しゃりこじぎ →さるこじぎ

しゃりむりど・やりむりど『副詞・擬態語』強引に。無理に。しゃにむに。「やだっていうのを、しゃりむりできて、仕事やらしぇだ」（嫌だって言うのを、無理矢理連れてきて、仕事をさせた）→がえり、がりがりど、わらわらど、がりむりど

じゃんご【在郷】都会から離れた地方。いなか。ざいしょ。ざい。※「じゃんごくせぁ」「じゃごたろ」「じゃんごしゅ」などと、町の人たちが、在（ざい）の人たちを、見くびるいい方で、差別語とまではいかないが、軽薄で不遜なからかい言葉である。都会と地方、町と村などの地域格差をもって、そこに住む人にまで投影している。

じゅうの【十能】（道具）炭火を載せて運んだり、炭火をかきおこすための道具。※ほぼ全国共通で、方言とはいえない。

しゅっしゅ（遊び）じゃんけん。→ちゅっちゅ

しゅでっこ【酒代、酒手】（酒代としてお金を包んだ）のし袋。人夫・車夫・人足・若勢などになどに与える心づけのお金。チップ。

じゅんぶが『副詞』あきあきするほど。こりごりするほど。うんざりするほど。「雪下ろしで、じゅんぶが疲れた」（雪下ろしで、ほとほと疲れた）

しょ『二人称』お前。君。「なっしょ」（そうだろう？）「笑われるがら、『しょ』は使わねようにしよ、なっ

しょ」※主として少・青年の男が使う。

しょあぶらっこ【塩鯱】（食品）塩ほっけ。※その昔、焼いたしょあぶらっこをメシの上にのせた弁当の味が忘れられない。弁当箱はアルマイト製で、へこんだり歪んだりしていた。

しょうぶした【勝負した】①勝った。成功した。成就した。（獲物を）射止めた。うまくいった。②思わぬ得をした。うれしい。しめた。※「勝負した」は「勝負する」の現在完了形。「勝負する」の元々の意味は、「勝敗を決める」「ケリをつける」であるが、その現在完了形の「勝負した」は、大勝利した→うまくいった→得をした→喜ばしい、と意味が変遷したものと思われる。県内では全般的に分布しているが、岩手、山形、宮城、福島、新潟、石川、広島、愛媛などの一部で使われている〈語源探究〉。いろんな意味に使われるので、例文をたくさん挙げよう。「今度はしょうぶした」（やっと今度は成功した）、「しょうぶしたんしな」（挨拶）（雨続きだったのに、晴れてよかったですね）、「これでしょうぶしたな」（これでうまくいったね）、「くじで大物当てて、しょうぶした」（くじで大物当てて、思わぬ得をした）「これぼこれねで、しょうぶした」（これ壊れないで、ほんとによかった）

じょうり【草履】）履物）ぞうり。

しょがら【塩辛】（食品）しおから。

しょがらごえ【塩辛声】かすれ声。しわがれ声。

じょさね【造作無い】『形容詞』簡単だ。たやすい。※ただし、本来は「如才無い」で、手抜かりがない、気が利く、抜け目がない、とかいった意味だという〈語源探究〉。

じょさねぐする『句』ぞんざいにする。粗末にする。※形容詞「じょさね」の動詞形。→ぞせする

じょさねぶし『副詞』簡単に。省略して。「難儀さ

ねで、じょさねぶしでやろ」（難儀なことしないで、簡単にしてやりましょう）

しょし・しょうし【笑止】『形容動詞』①恥ずかしい。②気の毒だ。※「勝事（しょうじ）」から転じた語か〈大辞典〉。湯沢・雄勝では「恥ずかしい」の意味では、「しょし」は使わないで「わり」と言う。「しょし」は他地域でよく使われるのであえて取り上げた。↓わり

じょだ・じょんだ【上手だ】『形容動詞』じょうずだ。

しょっかげで【背負掛けて】『副詞』背負って。

じょっこ【嬢っこ】良家の娘。娘さん。女の子。

しょっぴて『副詞』ひっきりなしに。「ゆべな、こどもが一晩しょっぴてないで、ねられねがた」（昨夜、こどもが一晩中泣いて、眠られなかった）

しょっぺ・しょっぴゃ【塩っぱい】『形容詞』塩辛い。※アイヌ語のシッポsippo（塩）＋エe（食う）でシッポエ（塩を食ったようだ）からショッペとなったと考える〈古代探訪〉。↓きじょっぺ

しょで【初手】①以前。昔。かつて。「おらなば、しょでがら、わがてだなだ」（俺なんか、前から分かっていたことだ）↓しぇんから ②最初。先。「まんち、しょでに、それやってしまお」（まず、始めに、それをやってしまおう）

しょねわり【性根悪い】『形容詞』根性が悪い。意地悪だ。↓こじょわり

しょわしね・せわしね【忙-せわ-しない】『形容詞』落ち着かない。うるさい。やかましい。騒がしい。じっとしていない。「あの男だば、一杯飲めばしょわしねくて、手ぇつけれね」（あの男は、一杯飲むと、うるさくなって、手を付けられない）、（東成瀬村・仙人の郷流『俳句・川柳』より）「しょわしねな　んだたてめんこい　孫ばがり」※「せわしい（忙

しい)」に同じで、「ない」は接尾語。→うるしゃ、こちょわしね、ひくかくで

しょり【橇】(道具) そり。

しょんべ【小便】しょうべん。

しらしぇ【知らせ】訃報。※親類などに死亡の知らせをすること。

じらっと・じらり『副詞・擬態語』平気で。知らんふり。平然と。「じらっとしている」(知らばっくれている) →ちらっと

しらねこまに【知らない小間に】『句・副詞』知らぬ間に。

しらぱちけだ『形容詞』生気がない。色あせた。「鉢さ水やらねがら、はな、しらぱちけできた」(鉢にみずやってないから、花が色あせてきた)

じれ・ずれ【狡-ずる-い】『形容詞』ずるい。「ちゃんと並べ。じれごどしぇば、だめだべ」(ちゃんと並びなさい。狡いことすれば、だめでしょ!)

しれくしゃ【饐え臭い】『句・形容詞』饐(す)えた臭いがする。※食べ物が腐れかかっている。

しれる・すれる【饐える】饐(す)える。(飲食物が)腐って酸っぱくなる。※語源説は①ス(酸)を活用した語から、②はじめ美味のものがスエ(末)になって味が変わるというところから、等〈大辞典〉。「このまま、しれでしまった」(このご飯、腐って酸っぱくなってしまった) →あめる

しんけたがれ【神経-しんけ-たかり】神経質な人。気の短い人。※「たかり」とは上の語の極端な人。きちがい。「きじたがれ」「欲たがれ」

じんじ・じじ【爺】お爺さん。祖父。→ばんば

しんしゃぐする【斟酌する】①酒などをくみかわす。②あれこれと照らし合わせて取捨する。③先方の事情、心状をよくくみとる。推察する。④

ほどよくとりはからう。気をつかう。手加減する。⑤ひかえ目にする。遠慮する。ためらう。辞退する。※以上は〈大辞典〉そのままの字解である。そのうち湯沢・雄勝では、③「推察」、④「手加減」、⑤「遠慮」の意味で使われることが多い。多様な使いかをするが、方言とはいえない。③の例「もう少し、しんしゃぐして、もの言わねばだめだ」（もう少し、相手の心をくんで、もの言うべきだ）。この意味では、平成二十九年流行語大賞となった「忖度（そんたく）」と同義。④の例「子どもだおの、もう少ししんしゃぐして、ぶで」（子どもなんだから、もう少し手加減して、ぶて）、⑤の例「あまりしんしゃぐしねで、ひゃってたんしぇ」（そんなに遠慮しないで、入ってください）

しんじょう（魚介類）アイナメ（鮎魚女、鮎並）。※アイナメ科の海水魚。浅い岩礁域に棲息する。体長四五センチ前後になる。白身の高級魚の一つ。「しんじょう」は北陸、新潟、庄内、秋田などの日本海側での呼称。→あぶらっこ②

じんじょ【治定-じじょう-】『副詞』きっと。必ず。「今日ぁ、じんじょ雪になるな」（今日は、きっと雪になりそうだ）※治定(じじょう)は、きまって、きっと、という意〈語源探究〉。

しんべ（履物）わらぐつの一種。※へどろに似ているが、かがとを包む部分がある →しべ、さんぺ、しべたら、へどろ

【す】

すかし【透かし】（住）格子。

すかんぽ・すかんこ・しかん（植物）①すいば（酸い葉）。※タデ科ギシギシ属の多年草で、山野、路傍に生える。高さ五十～八十㎝。茎や葉にシュウ酸を含

むため酸味あり。②いたどり（虎杖）。※タデ科イタドリ属の多年草で、荒れ地や斜面に生える。「イタドリ」は高さ三十～一五十㎝、「オオイタドリ」は一～三m。「いたどり」の若芽を「さしどり」「さしぼ」、茎の部分を「どがらんぽ」という。茎は中空で、酸味のある若い茎の皮をむいてかじると、パリッとしておいしい。「虎杖（こじょう）」が「いたどり」の漢名となった由来は、諸橋轍次の「大漢和辞典」で調べても、出典はあるが漢名の由来は書いていない。↓どがらんぽ、さしぼ

ずぎ ↓じぎ

すぎづれ【好連】互いに好きになって結婚すること。恋愛結婚。また、その夫婦。※当地特有の語ではなく、東北一円で通用する。新潟・奈良などでは「すきぞい（好添）」、徳島・高知などでは「すきあいみょうと（好合夫婦）」など似たような表現が多数ある〈大辞典〉。

すぐだまる（恐怖や寒さで）身をすくめる。おとなしくする。うずくまる。※「竦-すく-む」からか。

ずぐる 身をもがく。身をよじる。あばれる。「背中の孫が、外に出だくてずぐる」

すける ↓しける

すすどし ↓ししどし

すそなが【裾長】長い着物を着たままの状態（モンぺなどをはかないで）。

すねっ ↓しね

すぺっと・しっぺり『副詞』すべて。すっかり。「すぺっと、ねぐしてしまた」（すっかり全部、無くしてしまった）

すべらこぎ 怠け者。道楽者。

すましもち【澄まし餅】（食品）澄まし汁で味付けした雑煮餅。※その昔、味噌を煮立てて布袋でこした

スマシに、臼から上げてちぎった餅を野菜・油揚げなどいっしょに入れて作った〈語源探究〉。

すます・しまず ①【澄ます】取り澄ます。気取る。平然とした態度を取る。平気な顔をする。「あのおなご、すましてありてる」（あの女は、取り澄まして歩いている）、「あの人は、すました顔して通り過ぎだ」（あの人は、平気な顔して通り過ぎた）②【済ます】返す。「借りだもの、隣さ、しましてこえ」（借りた物を、隣に、返してこい）※借りた金品を返すこと。→なす①

すみだら【炭俵】すみだわら。

する【剃る】（ひげなどを）そる。

するにいい『助動詞』～するのが可能だ。～するのに支障がない。「このきのごは、食うにいい」（このきのこは食べられる）、「足いでども、歩ぐにいい」（足が痛いけど、歩ける）

ずれ →じれ

すれる →あめる、しれる

【せ】

せこがす【背転-こか-す】怠ける。不精する。「おがせこがすど、晩げまで、でげねど」（あまり怠けると、晩方まで出来ないぞ）※秋田県内以外は、次項の「せこぎ」と同様、青森・岩手で通用する〈秋田のことば〉。

せこぎ・せこがし 怠け者。無精者。→しぇやみ、からぽやみ

せっきり →しぇっきり

せつぐ【責付く-せっつく-】せきたてる。催促する。うるさくねだる。

せつつぇ【勢強い】『形容詞』勢いがよい。

せっぴゃ →しぇっぺ

せば →しぇば

せばしねぁ【狭-せば-しない】〘形容詞〙狭苦しい。「これだば、せばしねぁ部屋だな」（これは、狭苦しい部屋だなぁ）※「狭-せば-し」に、強調の接尾語「ない」を付けて「せばしない」。「せばし」は「せまし」に意味で、江戸時代より前の古い形〈広辞苑〉。ここにも古語が残っていた。

せみばんば【蟬婆】（昆虫）①せみの幼虫。②せみの抜け殻。※形が「婆っこ」の姿からの連想か。→ばっこ③

せやみこぎ →しぇやみ

せわしね →しょわしね

せわだ【世話だ】〘形容動詞〙まめまめしく働く。他人の面倒をみる。

【そ】

そうろぐ ①互いに釣り合っていること。身分相応なこと。似合い。「あの二人だば、そうろくした夫婦だ」（あの二人はお似合いの夫婦だ）〈雄勝町〉②いい加減な組み合わせ。でたらめ。〈東成瀬〉①の例文は（いい加減な組み合わせの夫婦だ）となる。※語源は、「対陸-ついろく-」の転。「ツイロク→ツーロク→トーロク→ソーロク」と転じたもの〈語源探究〉。

そきゃがる ①板が反り返る。②（威張って）そっくり返る。ふんぞり返る。→のきゃがる

そぐなり・そごなり ①出来そこない。未熟者。役立たず。「このそぐなり、なんもできねなが」（この出来損ない、何も出来ないのか）②失敗品。失敗。※①は動作ののろい人や年少の者をからかう軽蔑の語。「生まれ損ない」「出来損ない」の上略だが、使いたくない語のひとつだ。

そしぇば・そへば・ほえば →しぇば①

そしたきゃ →したきゃ

ぞせかげる・ぞせぁかげる 面倒を掛ける。世話になる。↓めどかげる

ぞせする・ぞせぁする ぞんざいにする。いい加減にする。粗末にする。なおざりにする。※「造作無くする」から。↓じょさねぐする

そたえ〘副詞〙そのように。「そうやた方が、いじばんえだえて、そたえしたら、なじだけな」（そうした方が、一番良いようだから、そのようにしたら、どうだい？）

そただ・ほただ〘連体詞〙そんな。そのような。「今更そただごど言ったて、あど遅い」（今更そんなこと言ったって、もう遅いよ）↓そちぎた

そたに・そただに・そただえ〘副詞〙そんなに。それ程。「人がせっかぐしているごどさ、そただに文句言うもんでね」（人が折角していることに、そんなに文句を言うもんでない）

そだば〘接続詞〙それなら。「あれで、えどおもたのも、そだばやめだ」（あれで、良いと思ったけど、それならやめた）

そちぎた・そただ〘連体詞〙そんな。そのような。「ぎ」は鼻濁音。「そちぎたおの」（そんなもの、そんな奴）※指示するもの（修飾される体言）を罵倒する意味が含まれ、物や人に対して、侮蔑的な言い方になる。↓そただ、あちきた、こちきた

そっけね【素気無い】〘形容動詞〙思いやりがない。すげない。冷淡だ。愛想がない。※言葉や態度、また、人柄などにおもしろみがない。要するに相手への思いやりがないということ。↓そっぺね①

そっぺね【そっぺい無い】〘形容詞〙①愛想がない。物足りない。粗末な。もてなしが不十分だ。↓そっけね ②物の味が薄い。味気ない。※「そっぺい」は「しょっぱい」の変化した語で、「そっぺい

が無い」で人の態度や物の味が淡白で、物足りない様子を表現している〈大辞典〉。編者としては、「塩っ気ない」から出たものと考える。

そらで・そろで【空手】これといった理由もないのに手が痛むこと。※農作業などで、手や手首が痛んで力が入らず困ることが多かったようである。今なら検査して原因はつかめるとは思うけど。「空-そら-」とは、はっきりした原因がわからないこと。

そらね【空無い】(〜した)気がしない。「一杯や二杯飲んだって、飲んだそらね」「心配あるど、映画見でだって、見だそらね」

それたり『接続詞』ところで。それはそうと。それはそれとして。※それまでの話をひとまず置いて、他の話題に転じるときに用いる。

それってばそれ『句』思いつけばすぐ。

そんきゃ・そんこりゃ『副詞』そのくらい。そんなに。「一日で、じぇんみゃ、そんきゃ採ってきたなが。たいしたもんだ」(一日で、ゼンマイを、そんなに採ってきたの?立派なもんだ)

そんたばっこ『句』そんなに少なく。「一日かがて、そたばっこしか、採れねがたなが」(一日かかって、そんな少ししか、採れなかったのか)

そんま【其儘】『副詞』すぐに。じきに。間もなく。「いま留守だども、そんま来るべがら、待ってけれ」(今留守だけど、じきに来ると思うので、待ってください)※この語は、東北一円と新潟で使われている〈広辞苑〉。

【た】

だ・だだ『感動詞』馬車の馬引きが、馬を停止させるときの掛け声。どうどう。※発進させるときは「しぃ」、後退させるときは「バイキ」。

だぁりや【誰が】『感動詞』人に言われたことなどを拒否するときに使う語。「一緒に行がねが」「だぁりゃ（行ぐだて）」（一緒に行かないか。誰が行くものか）

たいげ・てぁぎゃ【大概】『副詞』①ほとんど。おおかた。概略。「こごの草刈りは、昼まででたいげでげでしまた」（ここの草刈りは、午前中にほとんど出来てしまった）②程度が普通であること。ほどほどであること。「これごりゃなば、たいげ我慢しねば、でげねど思う」（これぐらいならば、ほどほどに我慢しなければならないと思う）③（否定形にして）**たいげでねぁ**『形容詞』普通でない。あんまりだ。「人の物、だまってもていぐなて、たいげでねぁやろだ」（人の物を黙って持って行くなんて、ひどい奴だ）。「ぎ」も「ぎぁ」も鼻濁音。

たいした『副詞』大いに。たいそう。はなはだ。「昨日のお祭り、たいしたにぎやがだたな」（昨日のお祭りは、とても賑やかだったね）※通常この語は、「大したものだ」「大した人物だ」「大した御馳走だ」のように「非常な」「大変な」という意味で、連体詞として使われるようだ。しかし湯沢・雄勝では、項目の訳のように副詞として使うことが多い。また、類語で「たいして」となると、下に打消しを伴って「さほど」「それほど」という意味になる。

たえぁね【堪無い】『形容詞』だらしない。こらえ性がない。※「堪-たえ-」とは動詞「堪える」が名詞化したもので、堪えること、こらえること。

だおあし【朱鷺足】（遊び）竹馬。※「だお」は朱鷺のことで、足の長いことからの名称。→さぎあし

たがぎもの・たなぎもの【手舁-たが-き者】持て余し者。厄介者。家族の持て余し者。「が」「ぎ」は鼻濁音。※絶えず荷物を背負っているような負担を

感ずる人。

たがぐ【手舁-たが-く】持ち上げる。抱える。「が」「ぐ」は鼻濁音。※「かく（舁く）」は、抱えたり、担いだりして運ぶ意〈広辞苑〉。他に、「手掛く・手掴く・手抱く」など、語源には諸説あり。「この俵なば、重くて、たがげね」（この俵は、重くて、持ち上げられない）→たなぐ

たがじょう【鷹匠】（履物）地下足袋（じかたび）。※湯沢・雄勝に限った方言ではない。厚い布の甲にゴム底を貼り付けた、地上で（地下でなく）はく労働用足袋（たび）のこと。「地下」は当て字で、直（じか）に土地を踏む足袋の意。江戸時代、鷹匠が刺し子（まだゴムはなかった）のはだし足袋を用いていたので、鷹匠足袋といった〈語源探究〉。蛇足ながら、大正時代になって、石橋徳次郎・正二郎兄弟が、ゴム底を貼りつけた地下足袋（じかたび）を発明し、これがヒット商品になり、ブリジストンの基礎を築いたと言われる。ブリジストンは、石（ストーン）と橋（ブリッジ）を逆にした社名。

たがまわし【箍-たが-回し】（遊び）桶や樽の竹製のたがを、T形棒で回して走る遊び。※方言の資料には載っていないので、方言ではないかも知れない。たがなかなか手に入らなくなってからは、自転車屋さんからもらった自転車のリムで遊んだ。リムに木の棒や鉄筋棒を押し当てて走りながら回すのだ。リムの凹面になっているところに棒を当てて、倒れないように回転の慣性でバランスをとりながら走るのは、まだ舗装もされていない砂利道では大変だった。

たぐづぐ・たぐじぐ【手繰-たぐり-付く】しがみつく。すがりつく。つかむ。「ぐ」は鼻濁音。「しかっと、たぐじでねば、おじるよ」（しっかり、掴んでないと、落ちるよ）→なつぁがる

たぐらんけ（卑罵語）あほう。まぬけ。バカ者。※中国の獣の名「田蔵田（たくらだ）」からきた語という。麝香鹿（ジャコウジカ）に似ていて、麝香鹿を狩猟するとき、わけもなく出てきて殺されると伝えられる動物の名。転じて、自分に関係ないことで物好きに死んだり、害を受けたりするもののこと。語の分布は、県内は主として県南、北海道、岩手、山形そして飛んで静岡、長野、神奈川、熊本〈語源探究〉。

たぐる・たぐしあげる（着物の裾などを）たくり上げる。※「手繰る」からか。

たじぽしね・たちぽしね『形容詞』心細い。寂しい。不安だ。おぼつかない。※「た気細-きぼそ-い」からか。「た」は、「た謀る」「た易い」などのように語調を調える接頭語。「気細い」は、気が弱い、心細がるの意の江戸語〈語源探究〉。→とじぇね

たじまじ →たぢまぢ

だしもぢ【出し餅】（食品）すまし餅。雑煮。→すましもぢ

だじゃぐ【惰弱・懦弱・堕弱】『形容動詞』わがままだ。ずるい。横着だ。「あれだば、なんぎなしごば、人さやらせで、だじゃぐだ」（あいつは、難儀な仕事は、他人にやらせて、横着な人だ）※本来の意味は、気力が無い、意気地がない、など人の弱い面をさす語。東北地方の方言になると、怠けてずるく横着なことをさす語になる〈語源探究〉。

だじゃぐこぐ【惰弱放く】わがままを言う。駄々をこねる。むずかる。※「だじゃぐこぎ」は「だじゃぐこぐ人」、乱暴者の意になる。「あれだば、だじゃぐこぎで、みんなさ迷惑かげでる」（あいつは、わがままで、みんなに迷惑かけている）→えがむ、ごんぼほる

だしゃこ【出しっこ】平等に出し合うこと。割り勘。

「今日、ひと仕事終わったがら、だしゃこでもして、一杯やるが」（今日、ひと仕事終わったし、割り勘で一杯やるか）

だだみ【段段-だんだら-身】（魚介類）鱈の白子。※「段段（だんだら）」は、いくつもの段になっていること、刻み目がいくつもあることの意。

ただる（とげ、矢、とび口など細長いものが）ささる。※タツ（立つ）に「ささる」という意があり、タツとササルの混交語か。「この木なばかでゃくて、とびただらね」（この木は硬くて、とび口がささらない）

たぢ【質】①性質。体質。「気のみじきゃのは、あこの家（え）のたぢだ」（気の短いのは、あそこの家の体質だ）②系統。姻戚のつながり。「あの家（え）は、おらのたぢだがら、筋目はえど」（あの家は、俺の系統だから、筋目はいいよ）

たちたちど『副詞・擬態語』液体が少しずつ落ちる様。水がしたたる様。

たちぽしね →たじぽしね

たぢまぢ 市（いち）。市日。※「立つ」は「催される」、「町」は「市（いち）」の意で、「たちまち」は市場が催されること、転じて、市。

だぢんこ【駄賃】 お駄賃。お使いのご褒美。

たづせね【立つ瀬無い】『形容詞』身の置き所がない。自分の立場がない。

たった『幼児語』（幼児がつかまり立ちか手を離すように）よちよち立つこと。

たっち『幼児語』立つこと。

たでならね『準助動詞』しきれない。「あんまりよげ採れで、食いたでならね」（あんまりたくさん採れて、食べきれない）

たて・たって『接続助詞』①けれども。「しゃべたたて、言うごどきがね」（注意したけれど、言うこと聞かない）②としても。「あした大雨だたて、汽車動ぐべな」（明日は大雨だとしても、汽車は動くだろうな）〈西馬音内盆踊り地口より〉〽お前（め）たぢく　踊りこ見るたて　あんまり口開ぐな　ハアソレソレ　今だばええども　春先などだば　雀こぁ巣こかげる

たでめ【建前】（住）むねあげ。上棟式。

たでる【立てる・閉てる】①（障子や戸を）閉める。※障子や戸を、普段は外しておいて、閉めるときに立てる、と考えれば合点がゆく。②（風呂などを）沸かす。

たなぐ　携える。手に持つ。「ぐ」は鼻濁音。「この荷物、たないでけれ」（この荷物、持ってくれ）※語源的には「たがぐ」と同じ。→たがぐ

たないげ・たなぎ・たなげ（自然）池。ため池。※「たなぎかぎ」と言えば、池の水を抜くこと。炊事・洗濯用に、自分の敷地に導水して作った小さな池のことも言う。

たなぎもの　→たがぎもの

たねる【尋-たず-ねる】探す。探し求める。

たのくろ【田の畔】（自然）あぜ道。田んぼ道。→ともで

だば・なば〖副助詞〗～など。～なんか。※否定的表現を伴う。「それだば、いらね」（それなんか、いらない）、「これぐれだば、俺だて書げだでゃ」（これぐらいなら、俺だって書けるよ）

たばご【煙草】休憩時間。一休み。

たぷたぷで〖形容詞・擬態語〗①容器に液体が一杯になっている様子。あふれて余っている様。「コップさ、水たぷたぷでぐ、ひゃってる」（コップに、水がたっぷりと、入っている）②脂肪などでたる

んでる様子。「あまり太って、腹のにぐたぷたぷでぐなた」（あんまり太って、おなかの肉が弛んできた）

だべ『助動詞』断定の「だ」と推量の「べ」で、推量と同意を求める助動詞となる。～だろう。①（推量）「もうそろそろ来る頃だべ」（もうそろそろ来る頃だろう）、「公園の桜も見ごろだべ」（公園の桜も見頃だろう）、「これ、もらいものだべ」（これ、もらい物だろう）

※この「だべ」は「だびょう」「だべおん」に置き換えることができる。↓べ、びょう ②（同意を求める、詰問調にもなる）「言った通りだべ」（言った通りだろう?）、「この花きれいだべ」（この花きれいだろう?）

だぼだぼじ『形容詞・擬態語』ズボンなどのサイズが大きくて合わない様子。

だま【玉】（遊び）球。まり。

たまぐら【環輪】①（道具）鎌やなたをすげる金属の環で、道具の柄に刃の部分を固定させる用具。

※「腐れたまぐら」とは、緩くてどんな道具にもはまることから、いろんなことに口出しして出しゃばる人、お節介者という意味になり、マイナスのイメージの人物像になる。語源を探ると、「たまき（環）」と「わ（輪）」の重言「たまきわ」の転化という説がある〈語源探究〉。②（環形動物）大きめのミミズ。※首にあたる位置に白い環状の紋があることから、「たまくしろ」→「たまくら」となったとされる〈古代探訪〉。↓くされたまぐら、きどめめじ、ふとめめじ

たまげる【魂消る】びっくりする、驚く。あきれる。「げ」は鼻濁音。↓どでんする、たましほろぎする

だまことり ↓めんめんこ

たまさがね【偶さかに】『副詞』①思いがけず。ひょっこり。「東京がら、たまさがねぁ、友達来た」（東京から、ひょっこり友達が来た）②まれに。久しぶりに。「たまさがねぁ会って、おもしぇがた」（久しぶり

に会って、面白かった）

たましほろぎする【魂振ｰほろｰきする】びっくり仰天する（強い驚き）。※びっくりして一番大事な「魂」を振るい落とすような狼狽ぶりを言う〈秋田のことば〉。
→どでんする、たまげる

だます【騙す】子どもをあやす。

だみだし【茶毘出し】葬式。※「だみ」は「だび（茶毘）」に由来し、本来、火葬を意味するものであったが、葬儀一般に意味が変化した〈秋田のことば〉。

だまってれ【黙って（いてく）れ】①動かないでくれ。静かにしてくれ。「ここで、だまってれな」（ここで、じっとしていなさいよ）、「あまりうじがねで、黙（だま）っとしてれ」（あまり騒がないで、静かにしなさい）②口出しするな。他言（たごん）するな。「今しゃべたごどは、だまってれな」（今言ったことは、内緒だよ）

だみや【茶毘屋】葬具屋。※葬儀に用いる道具類を扱う店。

ため・ためっこ（山菜や木の実など）自分だけの採取場所。※自分しか知らない秘密のポイント。「溜める・溜め置く」は、大事なものを「たくわえる・ためておく・とっておく」という意があるから、このことから「とっておきの場所」となったのだと推量する。

たもで　→ともで

たもれ【賜れ】（「たもる」の命令形だが、きわめて丁寧な言い方。湯沢・雄勝の方言ではないが、「たんしぇ」と関係があるので取り上げた。）①ください。（単独に使って、買い物のときや、「ちょうだい」のように何かをもらいたいときに使う。）②（～して）ください。（補助動詞として用いる。湯沢・雄勝では、この意味では「たんしぇ」を使う。）※〈語源探究〉

によれば、「たもれ」の分布は鹿角、北秋、山本、秋田市、河辺、由利。県外では岩手遠野、福井吉城郡、三重、滋賀、奈良吉野郡、徳島美馬郡と広範囲にわたっている。↓たんしぇ

だらぐ【堕落】だらしない様。

たりね・たんね【足りない】（知能が）たりない。「あの男は、見がげはえども、中身はびゃっこたりね」（あの男は、外見は立派だけど、頭の中身はちょっとたりない）

たろんぺ（自然）つらら。※湯沢・雄勝では「しが」という。↓しが

だんこ（身体）お尻。肛門。

だんこなし ↓おだんこなす

たんころびする『句』前のめりに転倒する。※語源につき、タン（端）あるいは、タンコロ（丸太、切り株）から連想を試みるが、分らない。↓つのめる

たんしぇ『補助動詞』（〜して）ください。※相手に物事を求める気持ちを、ていねいに表すことば。「あがてたんしぇ」「あがったんしぇ」（お入りください、召し上がってください）。語尾が訛って、「たんえ」「たんせ」「たんへ」「たんひ」があるが、「たんひ」だけは湯沢・雄勝では使わない。〈語源探究〉によれば「たんひ」の分布は北秋、山本、南秋、仙北、平鹿となっている。↓たもれ〈西馬音内盆踊り地口より〉〽西馬音内（にしもねぁ）名物踊りコ見るなら 電車で来てたんしぇ ハアソレソ 送り迎えは特別仕立てで 踊りコただだんし

だんなさん【旦那さん】（身体）上瞼にできるいぼ。↓ほいど

たんぱら【立腹−たちばら−】怒りやすいこと。気の短いこと。↓きじたがれ

たんぺ【唾】（身体）つば。唾液。↓したき

【ち】

ちきゃる【取り替える】取り替える。着替える。↓しきゃる、ときゃる

ちけぎ・つけぎ【付木】火つけ木。※スギやヒノキの薄片の一端に、硫黄を塗り付けたもの。柴や枯れ葉・枯れ草などの焚き付けに用いた。「マッチ」とは異なる。→とつけぎ

ちける・つける　積む。(荷を) 載せる。「この箱、車さちけでけれ」(この箱を、車に載せてくれ)

ちごでね【都合でない】①『形容詞』度を越して。途方もない。とんでもない。「あれだば、ちごでね言い方する」(あの人は、ひどい言い方する) ②『副詞』甚だしく。非常に。「あこの池は、ちごでね深ゃがら、気つけれよ」(あそこの池は、とっても深いから、気を付けなさいよ)、「ご」は鼻濁音。※「不都合だ」の意から、①あんまりだ、むやみだの意に、あるいは②あまりに、むやみにの意に用いる〈語源探究〉。

ちぢげあば【乳付親】母親に代わって乳児に乳をのませる女。乳母。

ちぢげわらし【乳付童】他人に預けられ乳を飲ませ養育してもらう子。里子。

ちぢこまる【縮こまる】寒さ、恐怖などで、体を丸めて小さくなる。※これは湯沢・雄勝の方言ではないが、日常使われているので取り上げた。物理的に小さくなることのほかに、威嚇や弾圧に圧倒されて、気持ちや言動が萎縮する場合にも用いる。→こごまる、ちぢぼっこする、ねまる

ちぢぼっこする・でっちぼこする　ひざを折ってうずくまる。しゃがむ。※「縮こまる」から。「かごめかごめ」の遊びで、鬼が輪の真ん中で目をふさいでしゃがむ様子を思い浮かべるとよい。また、昔、女

の子だった人は、庭の隅で「ちぢぼっこ」しておしっこして、細い川を作ったことがあるのではないか〈雑記帳〉。→こごまる、ちぢこまる、ねまる

ちぢゃこい『形容詞』ちいさい。

ちっぺす・つっぺす【突圧す】差し込む。詰め込む。栓をする。「ビンさ、ちっぺしておげ」※「圧-へ-す」の接頭語「突っ」の付いたもの〈大辞典〉。→ちぺこ

ちぺこ 栓。

ちゃかちゃかど・ちゃかほかど『副詞』てきぱきと。手際よく。「あの人だば、気ぃきでいで、仕事ちゃかちゃかどやる」（あの人は、気が利くので、仕事をてきぱきとやる）

ちゃかほかきがね『句・形容詞』融通がきかない。頑固だ。「むっちりして、ちゃかほかきがね人だ」（むっつりして、融通がきかない人だ）※「ちゃかほかど」（てきぱきと）物事が進まないことから。

ちゃこ『幼児語』（動物）ねこ。※猫を呼び寄せるときの語。

ちゃっちゃど『副詞』さっさと。手早く。「ちゃっちゃど走って来い」（ぐずぐずしないで早く走って来なさい）→ぐぐど、どうどど

ちゃってば『副詞・句』えてして。ともすれば。何とかかんとか言って。すぐに。「会社終われば、すぐ飲みちゃってば飲む話だ」（会社終業時になれば、すぐ飲みに行く話になる）

ちゃまが【茶釜】（道具）ちゃがま。てつびん。「が」は鼻濁音。※「ちゃがま」のはずが、なぜか「ちゃまが」になった。

ちゃんちゃんこ（衣類）子供用の袖なし綿入れ羽織。※方言だと推量して取り上げたが、方言ではなかった。当地方みたいに寒いところでは、防寒着として大

人にも用いられている。還暦祝いに赤い袖なし羽織を着る風習があるが、これも「ちゃんちゃんこ」という。語源は、江戸時代、鉦を叩き飴を売り歩いた清国人の服装に由来するという〈世界大百科〉。

ちゅぎあだり【中気中り】中風患者。

ちゅぎあだる【中気に中る】『句』中風（脳卒中）にかかる。→あだる

ちゅっちゅ（遊び）じゃんけん。※「ちゅちゅちゅちゅのちゅ」の掛け声で、じゃんけんを始める。→しゅっしゅ

ちゅっぱら【中腹-ちゅうっぱら-】『形容動詞』気短かで威勢が良い。短気だ。「あまり、ちゅっぱらたげるな」（あまり、短気おこすな）

ちょす【嘲す】①触る。いじる。「まだパソコンどごちょすしび知らね」（まだパソコンの操作の仕方わからない）②嘲弄（ちょうろう）する。からかう。もてあそぶ。「あまり、ちょさねほえど」（あまり、からかわない方がいいよ）

ちょっけかげる【ちょっかいを出す】余計な手出しをする。異性を戯れに口説く。

ちょっこら『副詞』ちょっと。

ちょっぱ 調子はずれ。音痴。※「調子はずれ」の短略化。

ちょぺっと・ちょびっと『副詞』ほんの少し。わずか。

ちょほ『感嘆詞』ほほう。おや。こりゃぁ。

ちょま・ちょまこ（虫）蝶（チョウ）。

ちらくせ・つらくせ【面癖-つらくせ-】不機嫌そうな顔つき。嫌な態度や様子。

ちらちけね →つらちけね

ちらっと・つらっと『副詞』知らんふりして。平然と。→じらっと

ちらましね【辛ましない】『形容詞』①可哀そうな。気の毒な。②気味が悪い。不愉快だ。むかつく。

ちんきゃりこ【宙返-ちんきゃり-こ】ちゅうがえり。とんぼがえり。

ちんきゃりする・ちんきゃりぶづ【宙返-ちんきゃり-する】『句』ひっくり返る。

ちんけこ（身体）子どもの後頭部に少し剃り残した髪の毛。※幼児が池などに落ちたとき、この毛を引っ張って助ける、という言い伝えがある。

【つ】

つぁ　父親。「おらえのつぁ、えさもどてきたべが」（うちのおやじ、家に戻ってきたかな）

※【昔の戸主と主婦の呼び名】

農　家	ツァ	アバ
商　家	オド	ジャッチャ
素封家	オドサン	オガサン
勤め人	トオサン	カアサン

〈「雪國」四二号、小坂太郎氏〉。

つぎ【継ぎ】（衣類）小さな布。布切れ。衣服の繕いの当て布。パッチ。「ぎ」は鼻濁音。

つぎざっこ（魚介類）オイカワ（追河）。※湯沢では「くぎざっこ」（ウグイ）を指すこともあるが、本来は別物。コイ科の淡水魚。「やまべ」（東京）、「ハス」（大阪）、「ジンケン」（秋田の一部、長野）など地方名が多い。秋田では、「ダイトウア（大東亜）」（横手）、「ジンケン（人絹）」（五城目）、「ビワコアユ」などの名があり、「ツギザッコ」は湯沢・雄勝特有の呼び方か。元来、琵琶湖など西の方に棲息していたが、鮎の稚魚の流通に混じって、今では全国に広がっている。体長は雄十～十六cm、雌八～十二cm。春から夏にかけては、川の瀬に多く、冬は水深のやや深いところに集まる

〈秋田の淡水魚〉。雄物川では、流れの緩い副流に群れをなし、泳ぎは早い。→あぶらっぺ、くぎざっこ、はりざっこ

つぎしょっこ【継衣装っこ】（遊び）継衣装遊び。「ぎ」は鼻濁音。※えりとおくみのある人形の着物を作って着せる遊び〈雑記帳〉。→かみしょっこ

つきゃる【閊-つか-える】①胸やのどがふさがったような感じになる。②滞る。込み合う。※似たような発音で「ちきゃる」となれば、「取り替える」という意。

つけぉの【漬物】（食品）つけもの。※元々湯沢・雄勝では「漬物」はその通り「つけもの」、あるいは「つけぉの」言っていた。→がっこ

つけぎ →ちけぎ

つづこ・ちしこ【苞（つと）】（道具）わらを束ね、中に食品などを包み込んだもの。※納豆の苞（つと）はよく知られる。

つねがね【常常】常日頃。常々。かねてから。

つのめる ①前のめりになる。②前へ勢いよく倒れる。※「つんのめる」から。「つん」は接頭語で、「のめる」を強めていう語。

つぶあし（身体）素足。はだし。※「す（素）」と「うぶ（産）」の複合語「すうぶ」からスブ→ツブと転化して接頭語化したもの〈語源探究〉。

つぼ【坪】（住）庭。植え込み。

つまかわ【爪皮】（履物）下駄や足駄のカバー。※雨や雪降りなどのときに、つま先を覆って汚れや濡れを防ぐ。

つま（つ）きゃり【躓返り-つまかえり-】つまずくこと。※「爪返り」とも〈語源探究〉。「お前は、いっつも、ひくかくするがら、つまっきゃりするなでねが」〈お前は、いつも、落ち着きがないから、つまずくの

でないか）

つらこしゃる【面拵-つらこしら-える】不機嫌な顔をする。人に対していやな顔をする。↓つらつぎ

つらだし【面出し】弔問すること。挨拶に行くこと。顔出し。↓からつら

つらちけね・ちらちけね【面付けない】『形容詞』図々しい。厚かましい。つらの皮が厚い。臆しない。「つらちけねぐ、何でも言う」（遠慮しないで、何でも言う）※秋田県全般のみならず東北、北海道、新潟、石川でも使われる。厚顔無恥な人に対して言う。常識ある人の顔をしていないから、厚かましく、恥ずかしげもなく振る舞えるのだろうという考えに基づく言い方〈秋田のことば〉。↓わりしびらね

つらつぎ【面付き】①顔つき。人相。つらがまえ。「どうも、つらつぎ似でるどおもたば、いどごであった」（どうも顔つきが似てると思ったら、いとこであった）②相手を不快にさせるような嫌な顔つき。不満や怒りなどを顔に表すこと。また、その顔つき。「おらえの嫁こ、ぶりこだばえーども、すぐつらつぎこしゃるおな」（うちの嫁は、容貌はいいけど、嫌なことがあれば、すぐ顔に表すのよ）〈語源探究〉。↓みがげ、ぶり

つれこど 口論。言い争い。口ごたえ。「いづまでも二人でつれこど張ってても解決しねべ」（いつまでも二人で口論していても解決しないだろう?）

【て】

てぁぎゃ ↓たいげ

でぁじに『副詞』お大事に。「病気は、なおてがらが、でぁじにしねばでげね」（病気は、治ってからが、大事にしなければいけない）↓でぁみゃに

でぁみゃに『副詞』お大事に。※病気見舞いなどの

帰りの挨拶。「でぁみゃにしてたんしぇ」（お大事にしてください）。使い慣れていないと発音が難しい。→でぁじに

ていしゃば【停車場】（鉄道の）ていしゃじょう。駅。

でおな・でおの・じおな・じおの ①〘提示語的連語〙（連体格助詞「で」「じ」＋形式名詞「もの」）…というものは。※名詞に付いて、その事柄を特に取り立てる意を表す。「年寄り（としょり）でおな、くどぇもんだ」（年寄りというものは、くどいものだ）②〘助動詞〙丁寧な伝聞的終止。（伝聞の助動詞「で」「じ」の終止形＋終助詞「もの」）文末に付いて、…というものね。…とのことです。※丁寧に柔らかな伝聞の意をもって文を結ぶ。「むがし、むがし、じんじどばっぱど、いだでおの」（昔、昔、爺さんと婆さんが、居たんだと）〈語源探究〉。

でが →でんが

てかけ【手掛け】妾（めかけ）。愛人。側室。側女（そばめ）。※手に掛けて愛する者の意〈大辞典〉。一方、目を掛けてひいきにする女は「めかけ」という。要するに、妻のほかに扶養する女のこと。この項、〈雄勝町の方言〉に載っていたので、つられて採録したが、調べてみるとほとんどの国語辞典に載っているので、方言ではないようだ。

でがす 仕上げる。完成させる。「早ぐ稲刈りでがして、一杯（いっぴゃ）やろでぁ」（早く稲刈りを仕上げて、一杯やろうや）※標準語の「でかす（出来す）」とほぼ同義。本来は「できる」に対する他動詞。分布は、県内一円のほか、青森、山形、栃木など〈語源探究〉。

てかてかで〘形容詞・擬態語〙①ものが光る様子。きれいに磨いている様子。「あの人の顔、汗でてかてかで」（あの人の顔、汗でピカピカと光る）②雪道

が堅く凍っている様。「おらえの前のみぢ、てかてかでぐなってら」（我が家の前の道路、凍ってツルツルとなっている）→でんが

てきぽきする・てかひかする 脇からちょっかいを出す。よけいな手出しをする。「こしゃぐまげで、てきぽきする」（生意気にふるまって、いらない手出しをする）

でぐ・でぁぐ【大工】だいく。

でげね【出来-でけ-ない】『形容詞』よくない。だめだ。※連語（でけ・ない）であるが、意味上は一語化した形容詞として用いる。多くは上に仮定の表現を伴って、禁止や忠告の意を表す〈語源探究〉。「それだば、でげねでぁ」（それは、よくないなぁ）、「そただごどしぇば、でげね」（そんなことをすれば、いけない）、「みんなさ、あやまらねばでげねべ」（みんなに謝らなければいけないなぁ）

でご・でゃご【大根】（植物）だいこん。

でごし【出格子】（住）窓についている格子。※一説に、作り付けの低い収納棚、出窓の下の収納棚を指すとも。

でごしり・でゃごしり【大根擦り】（食品）大根おろし。

てごだ『連語』ということだ。だそうな。「今年の稲作は、史上第二だてごだ」（今年の稲作は、史上第二だそうな）

でじっと・でっちり『副詞』いっぱいに。満杯に。たくさん。どっさり。山盛り。「ちゃわんこさ、までっちり盛ってけれ」（お茶碗に、ご飯山盛りよそってください）→どじっと、どっちり

てすりこっぱぇ【手摺九拝】平身低頭。三拝九拝する様。※手を擦り合わせて頼みごとを懇願する態度から推察して、このような字を当てた。「語源探究」で

は「手摺頭-こっぺ-下げ」の下略であろうとしている。

てたくたど『擬態語・副詞』何やかやとせわしく立ち働く様。落ち着きない様。どたばたと。「病院の中、てたくたど歩ぐな」(病院の中を、どたばたと歩くんでない)

でだち【出立ち】①朝出。旅立ち。②朝、旅立ちの食事。③身支度。装い。④女の仕事着。※モンペの一種で、すねの部分がタイトになっている。「しねこでだぢ」ともいい、両脇に割れ目あり、女性としては用を足すのに便利。

てたぱたど『副詞・擬態語』落ち着かない様子。あちこち忙しく歩き回る様子。「あまりそう、てたぱたどあるぐな」(あまりそんなに、落ち着きなく歩き回らないでよ)

てちまちわり 手順が悪い。段取りが悪い。「仕事のてちまちわりくて、はがどらね」(仕事の段取りが悪くて、はかどらない)

でちゃまこ 婆さん座り。※正座の姿勢で、足を左右に開いて尻を床につける。

てっきゃ・てか・てっか・てきゃし【手皮】①手の甲がけ。※山仕事などのとき手の甲を覆う物。②親指以外の四本の指が分かれていない手袋。※主として寒中の作業用。

でっきり・でんで →でゃっきり・でゃんで

でっけ(身体)額(ひたい)が普通以上に出ていること。また、その人。

てっこ(道具)ひもで編んだかご。「てっこしょって、山菜取りに行ぐべ」

でっち【丁稚】①職人または商人の家に年季奉公をする年少者。②(食品)「でっち羊かん」の下略。※湯沢・雄勝弁ではないが、「羊かん」との関連を調べてみた。あずき餡(あん)に砂糖、小麦粉、塩を少量加えて練り、枠に入れて蒸した羊かんを関西では「でっち羊かん」という。製法の区分からいえば、これは「蒸し物系」で、練り羊かんや水羊かんは「流し物系」に属する。では、この「でっち羊かん」の「でっち」の由来は何か。〈世界大百科〉では、「こねる」のことを「でっちる」といったための呼称であるという。一方、〈ニッポニカ〉では、お店（たな）奉公の小僧さんでも買えて、しかもおなかにたまる条件を備えているからという。どうして手ごろな（安い）値段になったかというと、江戸時代になり寒天を加えた練り羊かん（水分を多くすれば水羊かん）がもてはやされ、古顔の蒸し羊かんは下物となり、練り羊かんの半値となってしまって、関西では「でっち羊かん」と称された、としている。編者は後者を採る。また、秋田県南の「道の駅十文字」で売っている「小豆（あずき）でっち」は、もち米を蒸かしてあずき餡と混ぜたもので、素朴で塩味の利いた甘さで人気がある。「蒸し物」ではないが、関西の「でっち羊かん」にちなんで命名したものらしい。古来、東成瀬村など県南地域では各家々でお茶うけに作っていたという。↓あずきでっち

でっちふむ 悔しがる。じだんだ踏む。※古語に「でっち（畳一、重一）」とは、双六で二個の采の目がともに一（ぞろ目）と出ること、とある。これがなかなか出ないので、悔しがり「地団太を踏む」様子から出た言葉か。どの位出にくいかというと、二個の采の目の出方は六×六＝三六通り。そのうち一のぞろ目が出るのは一回なので、確率は三六分の一、約三％となる。

でっちぼこする しゃがむ。※羽後町方面で使う。
↓ちぢぼっこする

でっちり ↓でじっと

でで̄こで・でんで 〖副詞〗まったく。非常に。さっ

ぱり。とても。「あの人の言ってるごど、ででこでほでね」（あの人の言っていること、さっぱりわからない）

てでぽっぽ ①（鳥類）山鳩。②（植物）おけら。③（植物）たんぽぽ。※①は、山鳩の鳴き声をそのまま名にしたもの。②は、キク科の多年草。若芽は山菜として食用。③は、山鳩の鳴く声が耳にする季節に咲き出すことから、鳥の名を植物名に転用したもの。県北地域で使われる〈秋田のことば〉。

ででゃ 『副詞』かなり。ずいぶん。とても。「お！ででゃ早ぐ来たごど」（お！ずいぶん早くきましたね）→げんげ

てど 技能。てぎわ。裁縫など手仕事の腕。「あの人なば、てどある人だ」（あの人は、技能ある人だ）。※「手取り」の転化。

でど・でゃんど 【出所・出処】家の出入り口に近い土間。

てぬげ 【手拭】手ぬぐい。「げ」は鼻濁音。

ではる 【出張る】①外に出る。②（舞台やイベントなどに）出演する。

でぶろぐ 理由もないところに難癖をつけたり無茶をしたりすること。横着。わがまま。※「天符または天歩八つ当たり」の「八つ」を「六」としたものであろう〈語源探究〉、とあるが釈然としない。

てぼけ 【手惚け】不器用。「なんと、てぼけだごど、もっとちゃんと作れ」（なんとまあ、不器用だこと、もっとしっかり作りなさい）※裁縫などの手仕事だけでなく、鉛筆や箸の持ち方もしっかりできないと「この、てぼけ！」と言われたものだ。

でほで・でほでぁ 【出放題】でたらめ。うそ。※悪意でなく、ひょうきんなニュアンスがある。（東成瀬村・仙人の郷流『俳句・川柳』より）「村まつり

「でほでで踊り　皆笑顔」

てまわり【手回り】親戚。親類。

てむすび【手結び】→さげたで

でやご　→でご

でやっきり・でやんで『副詞』すこしも。さっぱり。まったく。「でやんで切れね小刀だ」（さっぱり切れない小刀だ）、「けんかしたば、でやっきりもの言わねぐなった」（喧嘩したら、さっぱりもの言わなくなった）

でやんどご【台所】（住）台所。居間。※昔は食事を作るところは「みんじゃ（水屋）」、食べるところは「でやんどご（台所）」といったようである。→みんじゃ

でらっと・でらり・でろっと『副詞』全部。ほとんど。残さず。一度に。「あたにえっぺあたのに、でらっと食ってしまた」（あんなに沢山あったのに、すっかり食べてしまった）→でんでんでぐ

でりぼご・でりぼぐ【出入り奉公】住み込みの奉公を終え、妻帯した後に奉公先に通うこと。通い仕事。

でろ【泥】（自然）どろ。

てろてろで・てらてらで『形容詞・擬態語』滑らかな様子。ぴかぴかつるつるしている様子。「おやじのはげあだま、てろてろで」（親父の禿げ頭は、ツルツルしている）

てろてろど『副詞・擬態語』こざっぱりしてきれいに。「ひさしぶりに、部屋をてろてろでぐ片づげた」（久し振りに、部屋をきれいに片付けた）※「てろてろで」の副詞化。

でんが・てんか（自然）つるつるに凍った道。※「てかんてかん」のテカンの音韻転倒による名詞化〈語源探究〉。

てんからめで『副詞』方々よそ見して（歩く）。

でんきんばしら【電信柱】電柱。※電線を支える柱だから「電気ん柱」か。

でんぐりぎゃる【でんぐり返る】転がる。ひっくり返る。※手を地について、前方または後方に体を一回転させて起きる〈大辞典〉。

てんこもり【天こ盛り】食器に食べ物を高く盛り上げること。山盛り。※テンコはテンコツ（天骨）の下略で、てっぺん、または山の頂の意。テンコモリは「山の頂と見るがごとく飯を盛り上げる」という意味になるこの語は近世上方語として発生し、東北まで伝播したもので〈語源探究〉、県南でも用いられているので取り上げた。

てんこらふぐ ①知らん顔をする。とぼける。無関係・無関心を装う。「自分のごど言われでいるど思って、てんこらふいでだ」（自分のことを言われていると思って、とぼけていた）②ふんぞり返る。「あいづ、えっきなてんこらふいで歩いでる」（あいつは、いい気になってふんぞり返って歩いてる）※テンコラは、テンコツ（天骨）（いただき、てっぺんの意）の下略のテンコと「空吹く」のソラの混交語であろう〈語源探究〉。

でんで『副詞』①非常に。とても。②全然。まったく。→でこで

でんでんでぐ・でんでんじぐ『副詞・擬態語』全部。すっかり。残らず。→でらっと

てんとらく『副詞』筒抜けに。「隣の声が、てんとらくに聞げる」（隣の声が、筒抜けに聞こえる）

【と】

ど『終助詞』先行句を強調する助詞。「絶対許さねど」「もう朝だど」「さあ行ぐど」「危ねど」

どうど・どっどど『副詞』おかまいなしに。さっさと。→ぐぐど、ちゃっちゃど

とがげ　枡（ます）の上を均（なら）すこと。

とがげる　木などを削ってとがらす。「が」は鼻濁音。※「尖る」の語幹「とが」に使役性の他動詞語尾「ける」を付した語〈秋田のことば〉。

とかちかで・どがばがで『形容詞・擬態語』落ち着きがない。うるさい。そそっかしい。「とかちかでくて、物ぶちけだり、ぼこしたりする」（そそっかしくて、物をぶつけたり、壊したりする）

とかとかで・どがどがで『副詞・擬態語』心臓が激しく打つ様。どきどき。「あまり急いで走ったたば、とかとかでぐなた」（あまり急いで走ったら、心臓がどきどきしてきた）

どがらんぽ（植物）いたどり（オオイタドリ）の茎の部分。※「いたどり」の茎（胴）の部分が中空になっているからの語。→すかんぽ、さしぼ

とぎぃ【遠い】『形容詞』とおい。※「とおぃ」が「とくい」となって「とぎぃ」と訛ったもの。

ときび・とっきみ【唐黍】（植物）トウモロコシ。※トウもモロコシも本来は中国を意味するのであるが、転じて外来であることを表現する要素として用いられた〈秋田のことば〉。

どぎまぎする　狼狽する。うろたえる。両方の「ぎ」は鼻濁音。「しぇんしぇがら、急にあでらえで、どぎまぎしたでぁ」（先生から、突然指名されて、びっくりしたよ）

ときゃる【取り替える】取り替える。着替える。→しきゃる、ちきゃる

とぐじまま【特寿司飯】（食品）飾り巻き寿司。※内部に玉子焼き、海苔、そぼろ、かんぴょう、紅ショウガなどを巻き込んで飾り、外側は海苔か卵焼きで巻

く。「とぐ」は「特別な寿司ご飯」という意味で「特」をあてた。

どげる ①おどける。「あの人は、どげる人で面白い」（あの人は、おどける人で面白い） ※「戯‐おど‐ける」の頭落ち。②退（ど）ける。避（よ）ける。「邪魔になるがら、そごどげれ」（邪魔になるから、そこをどきなさい）

どご【床】（道具）米を蒸すときに使う器。※甑（こしき。今でいう蒸籠。）の底に使う。茶碗を逆さにしたようなもので、湯気を上げる穴が開いている。

とごあげ【床上げ】産後二十一日目の祝い。※一般的には大病や出産の後、体が回復して、寝床を片付けてるころ。また、その祝い。→まぐらびぎ

どごが『終助詞』のか？ つもりか？ 「このさみのに、これがら山さいぐどごが」（この寒いのに、これから山に行くのか？）

どごだでごどねぐ『句』『副詞』（どこだっていうことなしに）あちこちに。無造作に。無計画に。「どごだでごどねぐ物おぐな」（あちこち乱雑に物を置くな） ※県内他地域では同様の意味で、「どだりめねぐ」「どだりかだり」などと言う。

どごに・どごにぎゃ【何処に】『副詞』どういたしまして。 ※相手の言葉を受けて、「どこにそんなことがあるものですか」の意から、「とんでもありません」と謙遜して否定する言葉になる。湯沢・雄勝では、「ぎゃ」を付けてさらに丁寧になる。もっと意を込めると「どっごに」または「どっごにぎゃ」となる。

どごのくだらねぁ『句』とてもくだらない。非常につまらない。 ※「どこの世界にそんな話があるの？ くだらねー」という意が隠されている。「どこの」の代わりに「超」とか「めちゃくちゃ」入れて、「超くだらない」「めちゃくちゃくだらない」の方が分りや

すぃ。

どさ・どっちゃ【何処へ】『副詞』どこへ。どちらへ。※「どこ」に方向を示す助詞「さ」が付いて「どごさ」となり、「ご」を抜いた。「どさいぐ?」（どこへ行くの?）→さ

どさが【何処かへ】『副詞』どこかへ。「よぐ探してみれば、どさがしまってあるはずだ」（よく探してみれば、どっかにしまってあるはずだ）

としいぎしでぁ【年行き次第】『句』年齢を重ねるにつれて。「としいぎしでぁ母親さ似できたな」（年を経るにつれて、母親に似てきたね）

とじぇだ【徒然だ】『形容動詞』手持無沙汰だ。暇だ。退屈だ。

とじぇね【徒然なり】『形容詞』淋しい。「一人ぼっちで、とじぇねべな」（一人ぼっちで、淋しいだろうな）→たじぽしね

とじぐ 届く。「昨日りんごおぐったな、とじだが」（昨日りんご送ったの、届いたか）

とじげる 届ける。※「とじぐ」の他動詞形。

どじっと『副詞』いっぱい。たくさん。→でじっと、でっちり、どっちり

どじまげる あきれはてる。こりごりした。「わらしたぢ、あんまりうるしゃくて、どじまげる」（子どもたちが、あまりうるさくて、うんざりする）

どしめがす 急ぐ。あわてる。うろたえる。※どしどし音を立てる、大声でどなりちらす、騒ぎ立てるという意の「どしめく」から転化した。「あまり、どしめがすな」（あまり、慌てるんじゃない）→あわだぐ、うるだぐ

としょる【年寄る】年をとる（積み重ねる）。老いる。老ける。「あまりくよくよするど、としょるど」（あんまりくよくよすると、老けるよ）（東成瀬村・

仙人の郷流『俳句・川柳』より）「としょたたて　でやごづげぐりゃは　俺（わ）でやてる」

とじら・とじらご（植物）フジカズラ。※藤や葛（くず）など蔓草の総称。他の木にまつわり、絡みつきながら伸びる。クロウメモドキ（黒梅擬き）科のクマヤナギ（熊柳）は、夏に小白花をつけ、翌年に実る果実は色・大きさもアズキ（小豆）に似る〈広辞苑〉。分布は県内全域。

とたで【戸閉て】最後まで居残る人。最後に出る人。最後に戸締りする人。

どつき・どんじぎ【土搗-どつ-き】地固めの重い槌を滑車で上下させる作業。柱の土台を搗き固める作業。※「どんづち」には大型の槌（つち）、掛矢（かけや）の意があるので、これと関連あるかもしれない。

とっきゃす　取り返す。→ばきゃす

とっくりぎゃす【引っ繰り返す】『他動詞』ひっくり返す。反対にする。「茶碗こ、とっくりぎゃしてしまた」（茶碗を、ひっくりかえしてしまった）、「きっと劣勢を、とっくりぎゃしてみせる」（きっと劣勢を、引っ繰り返してみせる）※「ひっくりかえる」の語頭に付いた「ひっ（引っ）」が「とっ（取っ）」に転化したようだ。

とっくりぎゃる【引っ繰り返る】『自動詞』ひっくり返る。反対になる。うらがえる。覆る。「雪ですべって、とっくりぎゃてしまた」（雪ですべって、ひっくり返ってしまった）、「人の気持ぢなば、ちょっとしたごどで、とっくりぎゃるもんだ」（人の気持ちなんて、ちょっとしたことで、変わるもんだ）※「とっくりぎゃす」（他動詞）と同様、接頭語「ひっ（引っ）」を「とっ（取っ）」に替えたもの。

とつけぎ【唐-とう-付け木】マッチ。「たばごふぐべ

どおもたば、とつけぎ忘れできた」（たばこを吸おうと思ったら、マッチ忘れてきた）→ちけぎ

とっちめる 叱りつける。やりこめる。やっつける。※方言だと思っていたが、全国に通用するようだ。

どっちり〘副詞〙数量の多い様。たくさん。十分に。※「どっさり」の転化か。「けちゃめがねで、どっちり持って来え」（けちけちしないで、たくさん持って来なさい）→でじっと、でっちり、どじっと

とっと〘幼児語〙にわとり。→こっこ

とっぴょしもねぇ【突拍子もない】〘形容詞〙意外な。思いがけない。とんでもない。※「突拍子」は調子はずれ、意外なこと。「ない」は強調の意を添える〈大辞典〉。

とっぴんぱらりのぷー〘感動詞〙これでおしまい。※ムガシコ（昔話・昔語り）の最後につける結末の言葉。似たような昔語りの結びの言葉は県内に多く型があるが、この「とっぴんぱらりのぷー（または…びー、…ぴー）は県央・県南型である〈語源探究〉。トッピンパラリは鳶がひらりと舞う姿にプーと音響効果を施したものか。〽錦サラサラ、五葉の松原、とっぴんぱらりの下のたんこのぴぃー。（東成瀬村の民話「和尚さんと小僧」）

どで〘接続助詞〙～と言って。～することを目指して。「彼女どデートするどて、張り切って行った」〈西馬音内盆踊り地口より〉〽俺家（おらえ）のお多福ぁ めったに無いごど 鬢（びん）とて髪結った ハアソレソレ お寺さ行ぐどて 蕎麦屋さ引かがって 皆に笑われだ

とでぁ【尊い】〘形容詞〙ありがたい。尊い。※「とでぁさま」といえば「神さま」「仏さま」「雷さま」「お月さま」となる。

とでお〖副詞〗とっても。うんと。「話こじれで、とでお、ぐえわりごどに、なってしまった」(話がこじれて、大層具合が悪いことになってしまった) ※「とても」の「も」が子音脱落で「お」になった。

どでんする【動顛する】びっくりする。驚く。「さきたの地震だば、あまり揺れで、どでんした」(さっきの地震は、揺れが大きくて、びっくりした) ※湯沢・雄勝のほか、鹿角、山本、南秋、河辺、仙北、平鹿で使われ、大館、秋田市では「どってんする」、鹿角、由利では「どーでんする」という。「どってんする」は、県外では北海道函館、青森、岩手、宮城それに岐阜県飛騨でも使われている〈大館方言〉。→たまげる、たましほろぎする

どでんつら【動顛面】驚き顔。不意を突かれた顔。
「そただどでんつらして、何あるけな」(そんなびっくり顔で、何かあるのか)

どど・どどこ〖幼児語〗魚。

とどこ かいこ。※貴重な生糸がとれることから「尊い蚕ーこー」の意味で「とどこ」と呼ぶようになった〈秋田のことば〉。同様、カイコは「飼い蚕ーこー」の意。
雄勝地区役内では、二月初午の日を「とどこまづり(養蚕祭)といって、その年の養蚕の豊作を祈って、カイコ部屋に掛け軸をかけ、その前に繭の形に作った繭玉餅と御神酒を供える。〈西馬音内盆踊り地口より〉〽とどこで繭とる　馬コで仔コとる　女郎衆はお客とる　ハアソレソレ　町でぁ盆踊り人々集(あじ)めで　色々人気とる

とのぐち【戸の口】(住)玄関。表の入口。→あがりたで、はどめぁ、ひゃりぐち

どのごぼ【盆窪】(身体)後ろ首の中央部のくぼみ。うなじ。

どのこりゃ・どんこりゃ【何ーどーの位】どの程度。

「この消毒薬、水一リットルさ、どのこりゃ入れだらえべが」（この消毒薬は、水一リットルに、いくら入れたらいいだろうか）

どばる 途中で滞る。ふさがる。終わりの方が狭くなる。せき止められた水が一杯になる。※「とっ詰まる」の転化であろう〈語源探究〉。

とふかす・とふかし【豆腐殻】（食品）おから。卯の花。

どぶじぇげ【溝堰】どぶぜき。汚い堰。

どぶで・どぶどげし【図太い】〖形容詞〗図太い。ずうずうしい。※「ど」は「非常に、たいそう」という意の接頭語。

とぷとぷで〖形容詞・擬態語〗果実が熟れ過ぎて柔らかくなっている様。「このスモモ、とぷとぷでぐなた」（このスモモ、熟れて柔らかくなった）

どふら ①（遊び）雪道や雪原の落とし穴。※人を落とすいたずらで、「どふら」とは人が落ちる時の音から、こう言ったらしい。作り方は、まず始めに穴の位置を決め、あまり深く掘ると危険なので、ある程度の深さまで掘る。その上に細い柴を格子状に並べ、またその上に新雪を踏んで付けた長靴の足跡をすくい取ったのを置いて、いかにも人が歩いて行ったかのようにカムフラージュする。誰が落ちるかワクワクしながら、ちょっと離れた所で遊びながら待つのも楽しかった。
②（植物）かぼちゃ。※ポルトガル語のaboboraに由来する〈語源探究〉。→ぼんぼら

どべ →どんべ

どべあな【どべ穴】畑などに据えて、下肥を蓄える地中桶。※下肥を発酵・熟成させるためのものだが、落ちたら大変。

どべおげ【どべ桶】（道具）①下肥の溜め桶。②下肥を運ぶための紐付き桶。→じぎおげ、ずぎおげ

とぺさぺで『形容詞・擬態語』つじつまの合わない。でたらめな。「とぺさぺで話で、さっぱりわがらね」（つじつまの合わない話で、さっぱり分からない）

どほん【副詞】（多く「と」を伴って）ぼんやり。しょんぼり。

ども『接続助詞』〜けれども。「古しども、使ってけれ」（古いけど、使ってください）、「しゃべたども、言うごどきがね」（注意したけれど、言うこと聞かない）

ともあし・とのあし　動物の後ろ足。※「とも」は、船の後方、船尾の意の「艫-とも-」から由来。

ともで・たもで（自然）田んぼ。田畑。野良。田んぼ道。※タオモテ（田面）に基づく語。田に連なる表面一帯を指す語〈語源探究〉。「おら家（え）のおど、ともでさ水引ぎに出がげだ」（うちの父さん、田んぼに水引きに出かけた）→たのくろ

どや　いかけや（鋳掛屋）。※どうや（銅屋）に由来する。「鋳掛け」とは、なべ、かまなど銅・鉄器の漏れを止めるため、「しろめ」（ろうせつ剤）などをとかし込んで穴をふさぐこと〈広辞苑〉。

どやぐ・どうやぐ【同役】友達。親友。仲間。同僚。※元々は、同じ役目。また、その人。〈西馬音内盆踊り地口より〉〽〇〇寺の和尚（おっ）さん　ちょこちょこめがして　まるめろもぎに行た　ハアソレソレ　長い棒っこでどぎっとほじだば　どうやぐ落ぢできた

どらんこ【胴乱】①（道具）腰に下げる刻みタバコ入れ。※皮または布製の長方形の袋で、最初、鉄砲の弾入れとして用いたが、転じて印・薬・銭またはたばこなどを入れて腰にぶらさげた〈大辞典〉。②腰巾着な人。③末っ子。

とろっぺし【瀞っ引き】【副詞】絶えず。始終。ひっ

きりなしに。いつも。むやみに。※「とろっぴき」の転訛で、「とろ」は「瀞」で緩やかな流れ、「ひき」は引き続きの意〈大辞典〉。「ここ二、三日、とろっぺしゆぎふりだ」（ここ二、三日、ずっと雪降りだ）

どん　ドン菓子。※ドンとは、圧力釜を開けた瞬間の「ドッカーン」という音から。通常はポンというが、北東北ではドンという。大砲みたいな釜の中に米と甘味料（多くはサッカリン）を入れ、ふたを閉めた後、薪をくべながらハンドルをグルグル回す。釜の圧力計が一定のところまで上がると、網籠を釜の出口に取り付けて、ハンマーで蓋を叩いて開けた瞬間、ドッカーンという大きな音と白煙（これは実は水蒸気）共に、出口から籠に何倍にも膨れた米粒がが出てくる。これがドン菓子だ。このとき、あたり一面に甘〜い香りが漂う。原理は、穀物にわずかに含まれている水分を密閉し加熱すると圧力が上がる。それを一気に開放してやると細胞間の水分が瞬時に気化し、細胞は壊れて膨張する。この機械を正式には「穀類膨張機」という。この機械は県内でまだ数台稼働しているという。〈食文化〉。

どんきゃぬげる【毒気抜ける】気落ちする。がっくりする。「勝でだ試合だたのに、負げでしまて、どんきゃぬげだ」（勝てる試合だったのに、負けてしまい、がっくりきた）

どんころ　大木の切れ端。丸太を短く切ったもの。

どんじぎ　→どつき

とんじゃぐね【頓着無し】『形容詞』無頓着。無神経な。

どんじょ（魚介貝）どじょう。

どんぶぐ【胴服・道服】（衣類）綿の入ったはんてん。ちゃんちゃんこ。※その昔、養老男女問わず、防寒用として着用していた。「今日はさびぐなるがら、ど

んぶぐ着ていがねば、風邪ひぐど」(今日は寒くなるから、綿入れ着て行かないと、風邪ひくよ)

どんべ・どべ 下肥（しもごえ）。人糞。肥溜め。
→ばんば、じぎ、ずぎ

【な】

なえ【何】なに。「おれどさ、なえが用が」(俺に、何か用かあるのか)

なえがかえが・なにがかにが【何か彼にか】『句』『副詞』なにか。※「何でもいいから」のニュアンスがある「彼-か-にか」を付けて「何か」を強調した語。「ぶらぶらしてねで、なえがまえがやるごどあるべ」(ぶらぶらしてないで、何かしらやろことがあるだろう?)、「酒の肴コ、なえがかえがねが」(酒の肴になるもの、何でもいいからないかい)

なえしぇ『感動詞』何という。何とまあ。「なえしぇ、だじゃぐだわらしだごど」(何と、わがままな子だこと)

なえだ【何だ】『句』①これは何だ。②何してるんだ。何を言うか。※使い方によっては詰問調になるが、湯沢・雄勝弁では「ぎゃ」を付けて「なえだぎゃ」として、優しく丁寧に語り掛ける。

なえだおだけな【何なのか】『句』何してたんだ。何かあったのか。

なえだが【何だか】『句』どういう訳か。何となく。たしか。

なえだかえだ【何だ彼んだ】『句』ああだこうだ。あれやこれや。

なえだきゃな・なんだきゃな【何だって】『句』どうしてなんだ。どうしたんだ。「なえだきゃな、そたかっこして」(どうしたんだ、そんな格好して)

なえだってほえ【何だって】『句』何ということだ。

「そたなごどするなんて、なえだってほえ」（そんなことするなんて、何ということだ）※「ほえ」は掛け声の「ほい」から来たのかと推察。

なえだでが・なえでが・なえだど【何だと】〘句〙①どういう訳で。なぜ。②何と言ったのか。何を言うか。※相手の言葉をとがめたり、問い返す言葉。

なえでもかえでも【何でも彼でも】〘句〙①どんなものでも。すべて。②どんなことがあっても。是が非でも。

なが（っ）ちり【長尻】話し込んで長居すること。また、その人。※話が長くて、なかなか帰らない人は迷惑なものです。飲み屋の最後の客にも、このような人がいます。便所に入ってなかなか出てこない人の意にも使われます。

ながど【仲人】なこうど。

ながぺろい〘形容詞〙細長い。※東北一円で使われる。

ながまる【長まる】ねそべる。ゆっくりする。休息する。「が」は鼻濁音。「少しながまっていげ」（少し休んでいってください）※「体を伸ばして、長々と横になる」という意味からか。

ながめる【長める】（足を）のばす。「が」は鼻濁音。※「長まる」（自動詞）に対する他動詞として派生した方言と考えられる。辞書に見つからない。

ながらはちけ・ながらまじけ【中ら半端】〘副詞〙中途半端な様。いいかげんな様。

ながらまじ【半ら愁ーなまーじ】〘副詞〙なまじっか。かえって。

なぎみそ・なぎめろ【泣き虫】なきむし。※ちょっとしたことでもすぐ泣く子。→めら、めらめらで

なげる【投げる】（物を）捨てる。棄てる。「げ」は

鼻濁音。「この服、きらえねぐなたがら、なげるよ」（この服、着られなくなったので、捨てるよ）、※この意味で使われる分布は、県内一円のほか、青森、岩手、山形、宮城、福島〈語源探究〉。さらに、これに強調の接頭辞「ぶん（ぶ）」を付けて「ぶん（ぶ）なげる」という使い方もする。「こんたかげだちゃわんこ、ぶなげでしまえ」（こんな欠けた茶碗、捨ててしまえ）。

なじ【如何】〘副詞〙どのように。なんと。※もともと「なじ」は「何」で、「なぜ」「どうして」「どういう訳で」といった疑問や反語を表すのに（「なじかは知らねど」のように）用いるのだが〈大辞典〉、湯沢・雄勝弁では見出しの漢字のように「如何-いかに-」を充てるのが適当と思う。以下に、いくつかの文例を挙げる。◆「**なじして**」（どのようにして）「なじして、こしゃるのよ」（どのようにしてつくるの?）、「なじして、食うなよ」（どのようにして食べるの?）。◆「**なじしても**」（どうしても）「なじしても、わがらね」（どうしても、分らない）。◆「**なじがして**」（どうにかして）。◆「**なじだべ**」（どうだろうか?）。◆「**なじした**」（どうしたんだ?）。◆「**なじでも**」（どうでも）「したごど、なじでもえ」（そんなこと、どうでもよい）。◆「**なじになるが**」（どうなるか）。前述の「なじして」を〘感動詞〙的に使用して◆「**なんじして**」とすれば、「とうてい」「もってのほか」といった、相手の言葉を否定する語になる。「なんじして、そんただじぇんこねんし」（とんでもない、そんなお金はありませんよ）

なじぎ【脳-なずき-】（身体）前頭部。ひたい。おでこ。※湯沢・雄勝では、「なずき」が訛って「なじぎ」に聞こえる。辞書で「なずき」は「脳」と書いてあるように、上代（奈良時代ごろ）からある語で、本来「脳」という意味であった。それがいつの頃からか

「頭（あたま）」の意味に移行し、現在では「脳天」や「ひたい」の意で方言に残るのみとなった〈大辞典〉。県内分布は、全県に及ぶ。全国分布では、北海道、青森、岩手、山形、宮城。福島、新潟。「脳天」の意味では鹿児島喜界島など〈秋田のことば〉。

なして・なえして【何して】『副詞』どうして。何故。「なして　会社休んだなだ」（どうして　会社を休んだのだ）

なす　①【済す】（借りた物やお金を）返す。「年金ひゃたがら、借金なしてくる」（年金が入ったので、借金を返してくる）※多くの場合、「借金を返済する」意味で使う。「まどう」と同義。県内分布は、南秋、河辺、由利、仙北、平鹿、雄勝。全国分布は、東北一円のほか関東甲信越、関西、中国、愛媛、種子島に及ぶ〈語源探究〉。→すます②　②【生す】（子を）産む。※この意味での県内分布は、鹿角、北秋、河辺、仙北、平鹿、雄勝。全国分布は、東北一円のほか関東、新潟、静岡、沖縄〈語源探究〉。③【茄子】（植物）なす。

なだかだ【何だ彼だ】あれこれ。なにかに。「このごろぁ、なだかだ暮らしさかがて、よいでね」（この頃は、あれこれ生活費がかさんで、容易でない）

なただ『形容詞』どんな。どのような。「先に決めだごど、なただわげで、こう変ったなだ」（先に決めたことを、どのような訳で、こう変ったんだ）

なたなだ【如何様-どんな-のだ】どうなんだ。どういう物（内容）だ。

なつぁがる　しがみつく。（人にもたれて、寄りかかって）掴-つか-まる。※元々「撓-しな-垂れ掛かる」があって、それからしとかが抜けて「なだれかる」になって、それから「なつぁがる」に転化したのではないかと推察する。いずれにしても、子どもが母親に甘える、女性が彼氏の腕を掴んで撓-しな-垂れか

かる情景を想像するとよい。→たぐづぐ

なっしょ『句』そうだろう？ →しょ

なっただごどね『句』気にすることない。案ずることない。→なんでもね

なったり『副詞』決して。どうしても。さっぱり。「このわらし、なったり言うごど聞がね」（この子は、どうしても言うことを聞かない）※末尾は否定形をとる。→ぎりっと

なっちょね【何でもない】『形容詞』大丈夫。平気。※あまり小さなことを気にするなと相手に伝えたいとき、何げなく出る言葉。→なんでもね

なで（自然）なだれ →ひらつぎ

なでかで・なでっかで・なんでかんで【何で彼んで】『句』『副詞』是非とも。どうしても。屹度（きっと）。必ず。※「何でも彼-か-でも」の略転。「なでっかで、でがしてみしぇる」（必ず、やり遂げてみせる）

なべもぢ・なべすりもぢ【鍋擂餅】（食品）おはぎ。ぼたもち。※うるち米ともち米を鍋で炊き、そのまま鍋の中で擂粉木（すりこぎ）で粗くすりつぶして作るので、こういう〈語源探究〉。

なまかでね【生中でない】中途半端でない。少しばかりでない。「ここまでくるには なまかでね努力があったべな」（ここまでくるには、半端でない努力があったろうな）

なまず むしず（虫唾）。※胸がむかむかするときなどに、胃から口にこみ上げてくる、酸っぱい液。「この頃、胃の調子がわりくて、なまずはしって困る」（最近、胃の調子が悪くて、虫唾がはしって困る）

なまちけ【憖-なま-じ】『副詞』なまじいに。中途半端に。

なめらっこ【滑子】（茸）なめこ（担子菌類のきの

こ)。

なも・いや『感動詞』いいえ。※相手のいうことを否定する言葉。

なもかもねゃ【何も彼もない】『句』論外だ。大変だ。冷静でいられない。

なもなも『感動詞』いいえどういたしまして。※「なも」を二回続けるとこんな意味になる。「なもえし」とも言う。↓なんも

なや『終助詞』文末に付いて、軽く詠嘆したり、柔らかに念を押したりする気持ちを表す助詞。「昨日食った料理だば、舌抜げるほど、んめがたなや」(昨日食べた料理は、舌が抜けるほど美味しかったねぇ)〈語源探究〉。

なりえ【形-なり-良い】『句』①体格がいい。↓らってぁえ ②姿がいい。

なりぎにならね【成気にならない】『句』言う通りにならない。「今のわらしは、親のなりぎにならねくてな」(今の子どもは、親の言うとおりにならなくてな)

なりもの【生り物】田畑の収穫物。特に自家でとれた果物類。

なるともぢな【鳴門餅】(食品)餅菓子の一種。※ナルト餅のザラザラした肌に黄色を差したところは、粟粒(あわつぶ)の感じを出しているので、阿波(アワ)に粟(アワ)をかけて「阿波の鳴門餅」といったもので、ナルトモチはその上略〈語源探究〉。

なるへそ『副詞』なるほど。合点。※相手に同感の意を表す語

なんこ ①(食品)馬肉。※午(うま)は南の方角をさすので、馬肉の隠語として「南向(なんこう)」ともじったもの〈語源探究〉。②娼妓。※羽後町ではこういう意味もある。

なんし『間投助詞』文末または文節末に付いて、丁寧に念を押したり、詠嘆したりする意を添える助詞。ね。ねえ。「今日ぁ　えーお天気だなんし」（今日はいいおてんきですね）、「こたに荒れれば、雪だんしべがなんし」（雪でしょうかね）〈語源探究〉。

なんじが・なんとが【何とか】『副詞』どんなふうにか。なんとか。「なんじが頼むでぁ」（何とか頼みますよ）

なんじする・なじする・なじょする【何とする】何とする？どうする？「おめなば、なじする？」（君なら、どうする？）

なんじも【何とも】『副詞』どうにも。どのようにも。「今になてがらなば、なんじも手の打ちようねぁ」（今になってからは、どうにも手の打ちようが無い）

なんせ【何しろ】『副詞』何しろ。「なんせさびぐなたなで、あどストーブさ火入れだ」（何しろ寒くなったので、もうストーブを使っている）

なんだきゃな　→なえだきゃな

なんたて【何とか】『副詞』何としても。何としたって。「なんたて　行がねばね」（どうしても行かなくてはならない）

なんだて【何だって】『感動詞』何とまあ。いかにも。なんともはや。「なんだて、困ったもだ」（なんともはや、困ったもんだ）、「なんだて、そうなるまで構わねでおいだのだ」（何とまあ、そうなるまで構わないでおいたのだ）〈西馬音内盆踊り地口より〉〽田んぼの百姓さ　鶴舞公園どごだど聞いたれば　ハアソレソレなんだて解らねぁ三里も手前（てめ）がら　つづじで真赤です

なんだでが　→なえだでが

なんだりかんだり【何だり彼んだり】『副詞』①なんでもかんでも。「腹悪ぐするがら、なんだりかんだ

り食うな」②いろいろと。「なんだりかんだり忙しくて」③何なりと。何か。「なんだりかんだり書いでおいで、けねぎゃ」(何か書いておいてください)

なんちけ・なんつけ『句』何と言ったっけ。何だっけ。※まん中の「言う」が省略された。「おめのおふくろ、なんちけ」(お前のお袋は、何と言ってたの)

なんてかんて【何て彼んて】『副詞』何といっても。どう考えても。なにしろ。とにかく。「この本、なんてかんておもしれがら、まじ、読んでみれ」(この本、とにかく面白いから、まず、呼んでみなさい)

なんてもね・なってもね・なっちょね『形容詞』何でもない。気にすることない。心配ない。「オーバー着てきたがら、雪降ったて、なんてもね」(コート着てきたので、雪降っても、平気だ)

なんと・なんとなんと【何と】『感動詞』何とも。なんとまあ。どうも。※「なんとまあ」の「まあ」が省略された形。「なんと、いい天気だんしな」(なんと、いい天気ですね)、「なんとなんと、気い利ぐ人だごど」(何とまあ、気の利く人だこと)

なんば【南蛮胡椒】(食品)とうがらし(唐辛子)。※この意味で使う地域は、北海道から九州までの各地に及ぶので、この地の方言とは言い難いが、歴史背景が面白いので取り上げた。南蛮とは、室町末期から江戸時代にかけて、シャム(タイ)、ルソン(フィリピン)、ジャワ(インドネシア)など東南アジアのことをさし、また、その地に植民地を持つポルトガル、スペインのことをさす。従来の香辛料は、主として胡椒であったので、この新しい香辛料は「南蛮渡来のからし」として「南蛮胡椒」と呼ばれた。「なんば・なんばん」はこの南蛮胡椒の下略。これが、江戸時代、とうもろこしの「なんばん」(南蛮黍-きび-)との混同を避けて、「外来のからし」の意で「唐辛子」と呼ぶようになったとされる〈語源探究〉。「南蛮煮」とは、鳥肉や魚肉に焼き目を付けて、ぶつ切りにした唐辛子と葱（ねぎ）を加えた料理をいうが、一般には葱入りのうどん、そばのことをいう。「鴨南蛮」は、鴨肉と葱を入れて煮たうどん、そばのこと。

なんぼ【何程】『副詞』①どのくらい。いくら（値段）。いくつ（数量・年齢）。「なんぼだぎゃ」（いくらですか）②（「なんぼが」という言い方もする）どんなに。どんなにか。さぞかし。「一人ぼっちで、なんぼがとじぇねべ」（一人ぼっちで、さぞかし寂しいでしょうね）③（「なんぼ…でも」などの形で）いくら。どんなに。「なんぼ待じでも　来ねぁ」（いくら待っても　来ない）〈語源探究〉。

なんぼしたて『副詞』どうしても。絶対に。

なんも【何も】①『副詞』何も。「なんも　くいでぐね」（何も食べたくない）②『感動詞』（何も気にするな）何でもない。どういたしまして。「なんもだ」（大丈夫だよ）、「なんもなんも、気にしねでけれ」（こちらは全然気にしていないので、そちらも気にしないでください）↓なもなも

【に】

にお・におこ【堆】田の畔に立てた杭に、刈穂を円錐形に積み上げたもの。↓ほにょ、はさ

にかて『助詞』のために。のせいで。※受身形の動詞の相手（当該動作の動作主）を表す助詞〈秋田のことば〉。「あの人にかて、ひで目にあった」（あの人のせいで、ひどい目に遭った）

にかにかで『形容詞・擬態語』ニタニタする様。※「ニコニコ」の方が適当かな。「なしてそう、にかにかで顔するなだ」（どうしてそんなに、にたにたした顔をするのか）

にぎりまま【握り飯】（食品）おにぎり。

にぐぼ・にぐも・にごぼ・ねこぼ【根瘤】（身体）はれ物。できもの。※太ももや背中などによく出る。ドクダミの葉を重ね、火に炙り、にごぼに当てて膿を吸い出すという民間療法があった。

にしら【主ら】『代名詞』（二人称複数形）お前たち。きさまたち。※対等もしくは下位の者に対して使う。

にしん（魚介類）（食品）身欠きにしん。※かど（鰊）の頭と尾とはらわた取って、二つに裂いて干したもの。→かど

にぢげっこ【煮付】（食品）につけ。煮物。

にどいも【二度芋】（植物）じゃがいも。馬鈴薯。※年に二度収穫できることから。しかし実際に二期作を行えるのは関東以西である。この地域の方言ではなく、北海道から九州まで広く通用する。

【ぬ】

ぬがす【抜かす】はずす。除外する。

ぬがら・ぬげがら【身殻・抜け殻】蛇、蚕や蝉などの脱皮した後に残る古い殻（体皮）。→せみばんば

ぬがる【泥濘-ぬか-る】①雪や泥などで地面がどろどろになる。②道のぬかるみに足がめり込む。

ぬぐぇ・ぬぎ・のぎ【温-ぬく-い】『形容詞』①温かい。「春になたば、だんだんぬぐぐなてきたな」（春になったら、だんだん温かくなってきましたね）※この意味は全国共通。②暑い。「今日だば、なんだてぬぐぇな」（今日は特に暑いなあ）※この意味は湯沢・雄勝だけでなくて、函館、東北、北陸、京都、山陰などの、主として日本海側で使われる。このように、「温かい」という程度から、「暑い」という程度までの、

広い気温範囲で用いられる。

ぬぐだまる・ぬぐまる【温-ぬく-だまる】〖自動詞〗あたた（温・暖）まる。※温かい（ぬくい）状態になることをいうのに使う語尾「まる」を付して「ぬぐまる」「ぬぐだまる」となった。「あんまり寒びがら、こだつさひゃってぬぐだまてだ」（あんまり寒いので、コタツに入って温まっている）

ぬぐだめる・ぬぐめる【温-ぬく-だめる】〖自動詞〗あたた（温・暖）める。※温かい（ぬくい）状態にすることをいうのに使う語尾「める」を付して「ぬぐめる」「ぬくだめる」となった。「鶏が卵をぬぐだめる」（鶏が卵を温める）

ぬだぐる【塗りたくる】塗り付ける。やたらにごてごてと塗る。乱暴に塗り付ける。「顔さばし、何ぼぬだぐたたて、大して変わりね」（顔にだけいくら塗っても、大して変わりない）

ぬる【乗る】のる。

【ね】

ねぁ【無い】〖形容詞〗ない。※人・物・事が存在しない。「ねぐなる」（無くなる、亡くなる）

ねが【無いか】①相手に質問の形で）～が無いか？②〖終助詞〗～じゃないか。※予想外のことに驚いた様子、または、相手に判断の同意を求め、また、問いただし詰問する気持ちを表す。「うめねが」（美味しいじゃないか、上手いじゃないか）「お前はとっくに来てだそうだねが」（お前はとっくに来てたそうじゃないか）③〖終助詞〗相手の同意をもとめ、勧誘する、または婉曲に命令の気持ちを表す。「おいカガ、誰がどご迎えにやらねが」（おい母ちゃん、誰かを迎えにやらないか）、「お茶っこ飲みに行がねが」（お茶飲みに行かないか）

ねがべ・ねべ・ねべしゃ　ないだろう。※ナイに推量の助動詞べ・べシャが付いたもの。「そただえ、見栄はるごどねがべ」（そんなに、見栄を張ることもないだろうに）↓べ

ねこげら（衣類）物を背負って運ぶときの背中当て。※「ねこ」も「けら」もおなじ「背中当て」の意。↓けら

ねこばる【根っこ張る】①片意地を張る。四角張る、格式ばる、欲張る、かさばる。「このがぎ、デパートでねごばて、おもちゃ買ってけるまで動がねなだ」（この子ったら、デパートで駄々こねて、おもちゃを買ってくれるまで動かないのよ）※「ねこ」は「根っこ」、「はる」〘接尾語〙は名詞の下について、そのものの性質のように、また、その傾向が一段と顕著である意を表す〈明鏡〉。↓ぎしゃばる　②いきむ。力む。気張る。「ウンとねこばらねば、糞出でこね」（ウンと息まないと、ウンチが出てこない）

ねじい・けっくさい〘形容詞〙けちだ。けちくさい。吝嗇（りんしょく）な。「あのじいさんは、とてもねねじい奴だ」（あの爺さんは、とてもけちな奴だ）※「ねちっこい」「ねちねちする」の「ねち」を用いて、形容詞「ねじい」にしたもの。くどくて、しつこい性向をとらえて、「けち」の意とした〈秋田のことば〉。

ねじ・ねじたがれ　けちな人。倹約家。しみったれ。「あの人だば、ねじくて、親睦会費も払わね」（あの人ったら、けちで、親睦会費も払わない）

ねしぇどがす・ねしぇのがす　子どもをあやして寝つかせる。「子どもをねしぇどがしてだば、自分もねでしまた」（子どもを寝かしつけていたら、自分もねむってしまった）

ねしぎ【寝敷】（衣類）寝床。夜具。蒲団。

ねそげる【寝そびれる】寝そびれる。寝損なう。

ねたねたで『形容詞・擬態語』ねばねばする様。「納豆手さくちで、ねたねたで」（納豆が手について、ねばねばする）→ねちゃねちゃで、ねぱかぱで

ねちくちで『形容詞・擬態語』はきはきしない様。ぐずぐずする様。のろい様。「ねちくちでぐしねで、はっきり言ったらなじだ」（ぐずぐずしないで、はっきり言ったらどうだ）

ねちゃねちゃで『形容詞・擬態語』ねばねばする様。態度がはっきりしない様。→ねたねたで、ねかぱかで

ねっくりぎゃる 賑やかにする。大騒ぎする。※語源は「煮えくり返る」とある〈秋田のことば〉。他方、「ねっくり」に「体を一回転させること」という意あり〈大辞典〉。これから「おかしくて転げまわる」→「大騒ぎする」になったかも知れない。

ねっち 寝小便。※「ねっちばり」の下略。「ねっ」は「寝」。「ちばり」は小便の意の「いばり・よばり」から。

ねっちょふけ【ねつ性深い】『形容詞』執念深い。しつこい。※東北一円で使われる。ネツはネツイ、シツコイの意。あるいはネチネチする粘着性があるの意。ネッチョフケは「ねつ性」と「深い」の複合した形容詞〈語源探究〉。「あえだば、ねっちょふきゃくて、おっかね」（あいつは執念深くて怖い）

ねね →ねばね

ねねね【寝ねばね】『句』寝なければならない。寝なくちゃ。※「ね」が三つ続く。→ねばね

ねぱかぱで・ねかぱかで『形容詞・擬態語』ねばねばする。ぬらぬらする。「納豆けば、くぢのなが、ねぱかぱでぐなる」（納豆を食べると、口の中がねばねばする）、「汗かいで、ねかぱかでぐなた」（汗かいて、ねばねばしてきた）→ねたくたで、ねちゃねちゃで

ねばね・ねね〘助動詞〙ねばならない。「今日は、早ぐ寝ねばね」「明日は、早ぐ起ぎねばね」※「ねばね」を「ねね」に置き換えても意味は同じ。ただ、「寝ねねね」となったときは、「ね」が三回続く。→ねねね

ねひる【煮え干る】煮詰まる。煮しまって汁がなくなる。

ねふかぎ・ねぷかぎ・ねぷかげ【眠-ねぶ-かき】居眠り。仮眠。※「ねむる」の古い語は「ねぶる」で、それに「…しそうになる、…しはじめる」の意の「かける」という語がくっついて「ねぶりかける」（眠りそうになる、眠り始める）となる。その連用形の名詞化で「ねぶりかけ」〈語源探究〉。

ねぷて【眠たい】〘形容詞〙眠い。

ねべが・ねがや ないだろうか。※ナイに推量・質問の助動詞ベガ・ガヤが付いたもの。「あの人は、人っこえがら、我慢してけるなでねべが」（あの人は、人柄がいいから、我慢してくれるのではないだろうか）→べ

ねまがりだけ【根曲がり竹】（植物）チシマザサ（千島笹）というササの一種。※高さ三mにもなる。その竹の子が美味。熊の大好物でもあるので、竹の子採りのときは要注意。

ねまる 腰をおろす。すわる。しゃがむ。※「粘る」からか。この「すわる」の意で通用する地域は、北海道、東北、北陸、中部から山陰あたりまで〈語源探究〉。→こごまる、ちじぼっこする

ねろねろで〘形容詞・擬態語〙（油などで）ぬるぬるする様。

ねんねこ・ねねこ（衣類）子どもを背負うときに着る綿入れのはんてん。※全国で通じるので方言ではない。洋風なデザインでは「ママコート」よばれるのもあった。→かめのこ

【の】

の『補助動詞』～してみなさい。～してみたら？

※動詞の連用形＋接続助詞「て・で」に付いて軽い命令調になる。**「飲んでの」「行っての」「やっての」**など。西は羽後町、東は東成瀬村まで広範囲に使われているが、方言の文献には載っていない。（東成瀬村・仙人の郷流『俳句・川柳』より）「先づ行っての　須川の紅葉　すごえっけど」（先ず行ってみなさい　須川の紅葉は　すっごかったよ）

のきゃがて『副詞』仰向けになって。「あの娘だば、のきゃがて寝でるおだ、なえだて行儀わりごど」（あの娘は、仰向けになって寝てるようだ、なんとも行儀悪いねえ）

のきゃがる　①仰向けになる。のけぞる。※「仰（の）き上がる」からか〈語源探究〉。→とっくりぎゃる　②反り返る。つけあがる。※「乗って上がる」からか。あることに付け込んで調子に乗ること〈秋田のことば〉。「課長になたきゃ、のきゃがてばりいる」（課長になったら、ふんぞり返ってばかりいる）

→そきゃがる

のごり・のごりゃ・のごれ『形容詞』つらい。残念だ。名残惜しい。※全県的に使われている。「そんたに早ぐ亡ぐなたてぎゃ、のごれごどしたんしな」（そんなに早く亡くなったんですか、残念なことですね）

のごりゃぐね『形容詞』心残りない。※「のごり」の否定形。「爺様（じさま）どごなば、十分あじがったがら、のごりゃぐね」（お爺さんのことは、十分世話したので、心残りない）

のさばりこ　甘えん坊。（東成瀬村・仙人の郷流『俳句・川柳』より）「あばの背に　べだっとついだ　の・

さばり子」↓あばじぎ

のさばる（子どもなどが）甘える。※共通語では「勝手気ままに振る舞う、横柄な態度をとる」といった意味。

のじとおす【能持-のうじ-通す】我がままを通す。意地を通す。根気よくやりぬく。※「能持」とは、長持ちすること、忍耐力、根気などの意〈語源探究〉。

のだばる【のたり張る】うつ伏せになる。腹這いになる。横になる。※「ねそべる」は似た意味だが、怠けるというニュアンスがある。「言っていく」という意味の「のたる」の体言に、その傾向や性質が顕著である意を表す接尾語「ばる（張る）」を付け加えた。「ばる」の使い方としては、「欲張る」「四角張る」「格式張る」など。

のちっと・のっちり『副詞』うんとたくさん。どっさり。※「のっしり」が原型らしく、方言としては分量の多い様を表す意味に使われている〈雑記帳〉。↓もっこり

のっかがる【乗り掛かる】寄りかかる。

のっけなし 間抜けもの。気の利かないもの。

のどしんしこ【口蓋垂-こうがいすい-】（身体）のどひこ。のどちんこ。※県内全域で通用する。「喉（のど）にあるシジこ」の意。シジは「指似」で陰茎を意味する幼児語。「こ」は親愛・小・少の意を添える接尾辞。

ののさま・ののさん 和尚さん。※「のの」とは、神仏・日月など、すべて尊崇するものの称。そのことからお坊さんを「ののさま」と敬っていう〈大辞典〉。↓おっさん

のへっと・のへらっと『副詞』ぼんやりと。ぼさっと。のほほんと。のんきにして。「そごさ、のへっと立ってねで、すわれ」（そこに、ぼんやり立って

いないで、座りなさい）

のみがだ【飲み方】酒宴。飲み会。

のら　能無し。愚か者。うすばか。怠け者。※「鈍（のろ）」の転〈語源探究〉。ノラ猫の「野良」ではない。

のりでね『形容詞』法外だ。並はずれている。極端だ。※「のり」は規・則・矩・法・憲・典などが当てはまる。一般に共通する道理、筋道など法則・おきてを意味する。

のんのど『副詞』精一杯。どんどん。盛んに。↓しぇっぺ

【は】

はーえ『感動詞』ご免ください。※よその家を訪問するとき、店に買い物に入るときの挨拶言葉。県内でも言い方はいろいろある。「はーい」（鹿角）、「はえっ」（平鹿）、「はえっと」（由利）、「はえてー」（秋田市）など。

ばいき　馬車を後退させるときに、馬引きが馬にかける掛け声。（「き」はほとんど聞こえない）※この項、筆者の記憶が定かでないので、気仙語（けせんご）の提唱者・山浦医師の説を借りた。英語のバックに通ずるから面白い。発進は「し！」、停止は「だ！」となる。

はがえぐ【捗が行く】捗-はかど-る。能率が上がる。※「はか」にはいろいろな意味があるが、現在日常使われているのは「捗-はか-」で、「仕事の進み具合（進捗状況）」のこと。「この仕事だば、簡単で、はがえぐごど」（この仕事は、簡単で、はかどるなあ）

はがおれ　朝、仕事に出かけること。朝食後、仕事に出かけること。※「はか」は、ワッパカのハカで、割り当て分の仕事。「おれ」は「おり」の転で、

「降りる」（家から野良仕事に出かける）という意。
↓あさおれ

ばがけ【馬鹿気】馬鹿者。お馬鹿さん。※気-け-は、そのような様子、傾向が感じられる、という接尾語。「法螺気」「寒-さむ-気」「人-ひと-気」「女っ気」「毒気」「食い気」「嫌気」など〈広辞苑〉。

ばがしゃべり【馬鹿喋り】つまらないことを喋ること。

はがしょ【墓所】墓のある所。墓地。

はかはかで『副詞・擬態語』危険や不安・心配を感じて気をもむ様。ことの成り行きが心配で落ち着かない様。ハラハラする。ドキドキする。「試験受がるがど、今がら、はかはかで」（試験受かるだろうかと、今から、はらはらする）「屋ねがらおぢねがどおもて、はかはかで」（屋根から落ちないかと思って、はらはらする）

はぎ【箒】（道具）ほうき。※「ははき（箒）」の転〈広辞苑・明鏡〉。あるいは、「掃く」の連用形が名詞化したもの〈秋田のことば〉、とも。

はぐらん 日射病。暑気あたり。※「霍乱（かくらん）」の転。暑気あたりによって起きる諸病の総称。湯沢・雄勝に限らず全国的に通用地域が点在する〈語源探究〉。

はぎたでる【箒立てる】ほうき（箒）を立てる。※長居の客を早く退散させる「まじない」として、ほうきを逆さに立てる風習が、全国的にある。「はぎたでられねうぢ、そろそろ帰ろが」（ほうきを立てられないうちに、そろそろ帰ろうか）

ばきゃす・ばっきゃす【奪い返す】取られたものを取り返す。※「うばいかえす」の頭音脱落。↓とっきゃす

はぎり・はんぎり【半切り】（道具）底の浅い木のた

らい。大たらい。※「半切り桶」の下略。↓こが、はんぞう

はくたおの ①一人前ない者。はんぱ者。②一定の数のそろってないもの。数の足りないこと。はんぱ。③あるまとまった数よりも余っていること。端数。※語源には、「はぐれたもの」「はしたもの」など諸説あり。

ばぐでゃ【莫大】①〘副詞〙とても。すっかり。「今日は、ばぐでゃ寒い」(今日は、ずいぶん寒い)②〘形容動詞〙非常に。かなり。「まとめで買えば、ばぐでゃ安ぐなる」(まとめて購入すると、かなり安くなる)

はさ・はさがけ【稲架・稲架掛け】稲掛けの一。※稲を乾燥させるために、杭を立てて、これに横木を張って稲を掛け並べるもの。「とうか(稲架)」を「はさ」と読ませる。千葉県市川市に「稲荷木(とうかぎ)」とい地名があり、「架」と「荷」の違いがあるものの、その昔ここに、この「はさがけ」の風景があったに違いない。京都の伏見稲荷大社を総本社とする稲荷神社は、中世の伊奈利社の時代に、稲を象徴する神を祭る信仰から導かれたものとされているから、この「稲架(とうか→はさ)」は、「伊奈利」から「稲荷(とうか↓いなり)」の名の元になった、と編者は考える。↓にお、ほにょ

ばし・ばり〘副助詞〙①ばかり。だけ。のみ。※体言等に付いて、限定あるいは強調の意を添える。「甘ゃものばし食ってるど、糖尿病になるど」(甘いものばかり食べていると、糖尿病になるよ)、「おめ、遊んでばりえねで、も少し勉強したらなじだ」(お前、遊んでばかりいないで、もう少し勉強したらどうだ)②ほど。くらい。だけ。ほんの〜ぐらい。※程度を表す意。「わじがばしだのも、あがてたん

しぇ」（ほんの少しですが、召し上がってください）、「それっばりなば、やめでけれ」（そればかりは、やめてください）③とても。すごく。※意味を強調する。「うみゃばしうみゃ」（とてもおいしくて満足だ）、「大っきばしおっき」（とても大きくて素晴らしい）、あるいは（体ばかり大きくて鈍重だ）ともとれる。

はしらぐ ①乾燥する。「日照り続きで、畑はしらえだ」（日照り続きで、畑が干しあがった）②調子に乗って浮かれ騒ぐ。はしゃぐ。「あまりはしらげば、しめりくるど」（あまりはしゃぎすぎると、あとに泣きをみるぞ）〈本荘ことば〉。

はしりっこ【走り】かけっこ。競走。

はしん【把針】針仕事。裁縫。※東北、北関東、静岡、新潟、長野、さらに飛んで佐賀でも使われるという〈秋田のことば〉。

ばす 嘘。虚言。偽り。「ばすこぐ」（嘘をつく）

はだぎ【叩-はた-き】（道具）ごみやほこりを払う道具。

はだぐ【叩-はた-く】①たたく。なぐる。〈西馬音内盆踊り地口より〉〽隣の娘さ　おどりこ教ぇだば　ふんどし礼に貰た　ハアソレソレ　さっそぐ持てきて嬶（かが）どさ見しぇだば　横面はだがれだ　②ごみやほこりをたたいて落とす。払いのける。「なんぼはだいでも、このごみとれね」（いくら払っても、この塵取れない）③資産を失う。使い果たす。払い尽くす。「財布はだいでしまた」（財布が空っぽになってしまった）

はだげる ①【刷-はだ-く】こすり取る。かき集める。容器の中のものを出し尽くす。「炊飯器のままどご、はだげる」（炊飯器のご飯を、すっかりこすり取る）　②【開-はだ-ける】開く。広げる。（肌を）むき出しにする。着物の胸元や裾などを広げる。

「赤目はだげる」、「胸はだげる」

はだこ・はだっこ　肌じゅばん。肌着。※「かすりのはだこ」と言えば「かすりの上衣」という意味にもなる。

はだる【徴-はた-る】ねだる。せびる。「なんぼはだたて、けねがらな」（いくらねだっても、あげないからね）

はちけ・はんつけ　仲間はずれ。

はちゃがる　①（板などが）反り返る。「この板どご乾がしたば、はちゃがてしまた」（この板を乾燥したら、反り返ってしまった）②跳ね上がる。とび上がる。「おめの髪の毛、はちゃがてら」（あんたの髪の毛、跳ね上がっているよ）、「池の鯉が、はちゃがる」（池の鯉が、跳びあがる）

ぱっ　→ぱんぱん

ばっきゃす　→ばきゃす

ばっけ【蕗の薹】（植物）フキノトウ（蕗の若い花茎）。

ばっこ　①（植物）オオバコの茎。※単にバッコだけをみると、オオバコの上略のように思われるが、これはそうではなく、オオバコの花茎を二人で端を持ち合って、互いに前後に引きあいながら遊ぶときに歌う唄からきたものだ。それは、県南に広く残っているわらべ歌に次がある。〽ぎっこばっこひげば　となりのばっぱ　かげだわんこもってきて　おっぷり　かっぷり　みなのんだどー。この唄のギッコバッコからきた名で、子どものときに母と手を取り、船を漕ぐ真似をして遊んだものだ。もとは木地ひきのろくろを引くときの唄であった（西木村・佐藤政一「続・植物方言考」、昭和五八年三月十九日付秋田魁新報・文化欄）→まるき　②おんぶ。→ばっぱする　③セミの抜け殻。※羽後町で聞き取り。→せみばんば　④

少し。→びゃっこ⑤祖母。老女。→ばっぱ⑥切り株の空洞。※羽後町で聞き取り。

はっこい・ひゃっけ『形容詞』冷たい。→しゃっこい

はったぎ ①（昆虫）いなご（稲子）。②（足が細いことから）やせた人。「ぎ」は鼻濁音。※バタバタと動くものをいう意。「ぎ」は、それらしい音をたてたり動いたりするものという意味を添える語構成要素〈秋田のことば〉。

ばっち【末子】末っ子。※これは東北、新潟、千葉で通用。

ばっちい・ばばっちい『幼児語』きたない。

ばっぱ 祖母。お婆さん。→ばんば、ばっこ⑤

ばっぱする『幼児語』おんぶする。「子どもどごばっぱして行ってくる」（子どもを、おんぶして行ってくる）

はつめいだ・はぢめんだ【発明だ】『形容動詞』賢い。利口だ。聡明だ。※由利と平鹿で使われるので取り上げた。県外では新潟、山口、香川などでも。「お前の子だば、はぢめんだおの、なんも心配（しんぺ）するごねな」（君の子供は、頭がいいから、何も心配することないね）〈語源探究〉。

はでこぐ（道の無い雪の上をぬかりながら）漕いで歩く。※ハデはホデの母音交替形で、新雪のこと。コグ（漕ぐ）は体を前後にゆすって前進することを表す。（東成瀬村・仙人の郷流『俳句・川柳』より）「酒よっと はでこぎしながら わえさえぐ」（酔っ払い 雪道漕いで 帰路につく）

はでゆぎ・はでやら【はで雪・はで雪原】雪の一面に降り積もったところ。雪野原。柔らかく全く人の踏まない深雪。※「はで」は、深くふんわりと積もった雪の様を表す擬態語。

はどめぁ（住）（窓前、まどさき、すなわち）家の入口。日の差す南側に面したところ。縁側。※由利では、ハンドノメァと言って「縁側」をさす。↓あがりっぱ、とのぐじ、ひゃりぐぢ

はなおど【鼻音】いびき。

はなこしり【鼻擦り】（鼻先をこするほどの）急な坂。↓きっつぁが

はなこび【鼻こび】はなくそ。※「こび」とは、皮膚にたまった垢のひどいものの意。

はばぎぬぎ【脛巾脱ぎ】旅を終えて、無事帰宅を祝う宴。転じて、旅行から帰った時の慰労会。打ち上げパーティー。※昔、寺社参詣、旅行の時など、脛巾（はばき）を脛に巻き付けて、ひもで結んで脚を保護したという。脛巾は、わらや布で作られ、後世の脚絆（きゃはん）にあたる〈広辞苑〉。しかし当地方では、布製のものを「脚絆」、藁などで編んだものは「脛巾」と呼んで区別しているようだ。秋ノ宮地域では「わらじぬぎ」ともいう。↓わらじぬぎ

はばぎはぎ【脛巾履き】出発の祝宴。結団の酒宴。※旅行前に無事を祈って行う酒宴。↓わらじしめ

はばげる ①のどにつかえる。②足を広げる。③手に負えなくなる。ギブアップする。※「憚-はばか-る」（自動詞）に対する他動詞として派生した方言〈語源探究〉。

ばぼける・ばぼじぐ（子どもが）跳ね回る。はしゃぎ回る。※「ば」は意味を強める接頭辞。「ぼける」は「ほこる」と同義で、跳ねたり暴れたりすることをいう語〈秋田のことば〉。

ばほっと〘副詞〙衣類を大きくあおって着る様。※羽織、カーディガン、外套、マントなどを着るときの様子。↓ばほばほど、ばほめがす

ばほばほど〘副詞・擬音語〙①旗・シート・扇など

が音をたてて大きく揺れ動く様。「竿に干しておいだ着物ぁ、風でばほばほどゆれでる」（竿に干しておいた洗濯物が、風で音をたてて揺れている）②着物の前をきちんと合わせぬまま、裾が揺れ動く様。「帯もしめねで、ばほばほっているもんでね」（帯も締めないで、裾を揺らすもんでない）〈語源探究〉。※シートやテントをたたむときの音や、旗が風ではためく音あるいは衣類に付いたごみを「ほろぐ」ときの音を想像するとよい。→ばほめがす

ばほめがす・ばほばほする ①衣類や旗などを大きくゆれ動かす。②着物の前をきちんと合わせぬまま、裾が揺れ動く〈語源探究〉。→ばほばほど

はまる【填る・嵌る】①奮発して金を出す。おごる。ものを多めにやる。「今日はオレはまるがら、いっぺぇやるべ」（今日はオレがおごるから、一杯やろう）、「おがさん、かいべちはまたんしぇ」（お母さん、キャベツ買ってください）②ぬかるみにぬかる。（以下方言ではない）③熱中する。④仲間に加わる。⑤だまされる。

はやす【生やす】（野菜、肉、魚、漬物などを）切る。きざむ。※その昔、宮中では、「切る」は忌詞（いみことば）のため、真逆の「生やす」という言葉を使ったとされる。「ツケオノはやして持ってきてけれ」（漬物を切って持ってきてくれ）

ばやとり【奪合-ばやい-取り】奪い合い。取りっこ。※「奪い合う」から、上の「う」が脱落して「ばやう」に転じて、「取り」が付いたものと考えられる。少ないもの、珍しいもの、手に入らないもの、安価なものを欲しい人が多くいた場合、奪い合いの場面が生じかねない〈雑記帳〉。バーゲンセールなどでよく見かける。

はゆぎ【は雪】（自然）サラリと降る乾いた軽雪。寒

中の軽い雪。

はらちゃ・はらつぇ【腹強い】『形容詞』①腹いっぱい。満腹。「まま三杯（さんびゃ）も食たば、はらちゃぐなた」（ご飯三杯も食べたら、腹いっぱいになった）②自信に満ちている。自尊心が強い。気が強く思いあがっている。「議員も当選したば、はらちゃごどばし言う」（議員も当選したら、思いあがった言い方をする）

はらはしり 下痢。

はらべわり・はらわり【腹塩梅悪い・腹悪い】腹が立つ。癪に障る。不愉快だ。

はららご（魚介類）魚の卵。鮭の卵。

はりざっこ（魚介類）トゲウオ。※トゲウオ科の淡水魚の総称。イトヨ、ハリヨ、トミヨなど。トミヨ属には数種類あり、そのうちイバラトミヨは、本州北部から北の方に生息する。秋田県南地方でハリザッコと呼んでいるのは、イバラトミヨとトミヨの二種類のこと。イバラトミヨは五センチほどの小魚で、背びれに八〜十本の棘があり、体側にある鱗板は不連続である。一方、トミヨは鱗板が連続している。これらトミヨ属は環境変化に弱く、秋田県内でも、各地で生息場所が改変されたり、湧水が汚れたり枯渇したりして、数が減少していることが憂慮される。↓あぶらっぺ、くぎざっこ、つぎざっこ

はりみず・はりみじ【針溝-はりみぞ-・針孔-はりめど-】①糸を通す針の穴。②（魚介類）メダカ。↓うるめご

ばれる・ぶわれる【負-おぶ-われる】おんぶされる。人に背負ってもらう。

はんかくせ【半可臭い】『形容詞』①小生意気だ。きざだ。知ったかぶりをする。「あいづ、しばらぐ東京さ行ってきたどて、妙にはんかくせぐなったな」（あ

いつ、しばらく東京へ行ってきたと言って、妙に気障になった）②うすばかだ。頭が少し足りない。③つまらない。ばからしい。あほらしい。④常識無い。ばかげている。※いろんな意味に使われているが、湯沢・雄勝では①の使われ方が多いと思う。もともと「半可」は「半可通」の略、あるいは「生半可」の略ともいわれている。「臭-くさ-い」は、「そのような傾向がある」「そのように思える」などの意を添える。

ばんかだ【晩方】夕方。↓ばんげ

ばんがばが　ポカポカ殴る動作。「が」は鼻濁音。※これは複数回殴打する動作で、一回ぐらいだと「ばんがり」となる。↓ばんがり

ばんがり〖擬音語〗①ごつんと殴打する動作。②バーンとぶつかる様。「あの車、ばんがり塀さぶちがたど」（あの車、バーンと塀にぶつかったそうだ）「が」は鼻濁音。↓びんがり

ばんきり【番きり】〖副詞〗終始。いつも。「今日だば、あさまから客来て、ばんきり忙しがった」（今日は朝から客が来て、一日中忙しかった）

ばんげ【晩気】今晩。夜。※「気（け）」は、「そのような様子、気配」の意の接尾語。「寒気（さむけ）」、「人気（ひとけ）」、「女っ気」などと同様の使い方。「ばんげ」は、「晩気（ばんけ）」の「け」が濁音化したものと考える。一方、広辞苑では、「ばんげ」の項で「晩景（ばんけい）の転か」とある。同じ広辞苑の「晩景」の項では、日葡辞書のBangei（ばんげい）の引用で「夕方、晩方」とある。何らかの関係がありそう。↓ばんかだ

はんぞ・はんじょ【半挿】（道具）①木をくりぬいて作った大きな浅い鉢。こね鉢。※粉をこねたり、餅を入れたりする。②たらい。まぐさ桶。※元々

は湯・水を注ぐのに用いる器。柄のある片口の水瓶で、注ぎ口を半ば器の中に挿し込んであるところからの名称。→こが、はぎり

はんつけ →はちけ

ばんどり（動物）ムササビ。※夜行性で、木々の間を滑空するところから、「晩鳥」の意であろう〈秋田のことば〉。「あがてんどり」とも言う（東成瀬村の座談会記録より）。

ばんば うんち。→どんべ

ばんば【婆】お婆さん。祖母。※アクセントに気をつけないと「うんち」になる。→ばっぱ

ぱんぱん・ふだっこ・ぱっ（遊び）面子（メンコ）。面子遊び。※遊ぶ際に立てる擬音語にもとづく。円形または方形に作った厚紙の玩具、また、それを使ってする遊び。表面に絵や写真が貼ってある。円形の面子で遊ぶことを「ぱんぱんぶち」という。一方、角面子を机の上に並べて「ぱっ」息を吹き付けて、裏返しにする遊びを、その動作から「ぱっ」という。裏返ったものが自分のものなる。

ぱんぱん『幼児語』これでおしまい。

ぱんぱんで『形容詞・擬態語』いっぱいに張った様。物事が飽和状態にあること。「あまりごっつぉなて、腹ぱんぱんでぐなた」（たくさんご馳走になって、腹一杯になって膨れてきた）

ばんぽ『形容動詞』空虚。がらあきな様。だだっ広い様。からっぽ。「あの家ぁ、ばんぽだ」（あの家は空き家だ）。からっぽ→らっぽ→なんぽ→まんぽ→ばんぽ、と転化したか（ちょっと苦しい解釈）。→がんご

【ひ】

ばんめぁ【番前】当番。順番。

ひぃもどる【火戻る】湿気が戻る。「このしぇんべ（煎餅）ひぃもどって、じなじなで」（この煎餅、湿気が戻って、やわらかくなった）

ひえぼろし【冷痱子】寒い時に腕や背中にできる細かいブツブツ（発疹）。※「ほろし」（痱子）とは、皮膚に小さい粒状のできる限局性紅斑〈広辞苑〉。「かざぼろし」は風疹のこと。

ひがた【火形】（身体）火だこ。※長い間、囲炉裏やストーブに当たっているときなどに、皮膚に生ずる赤い斑点。

ひかひかで・ひかひかて『形容詞・擬態語』①物が光る様。「胸のバッジ、ひかひかて目立つ」（胸のバッジが、光って目立つ）②派手な格好の。「あの女のひと、ひかひかで服着てる」（あの女の人、ぴかぴかした派手な服着ている）

びがびがで『形容詞・擬態語』きらきら光る様。「あの靴（くづ）の金具、びがびがでくて、やだー」（あの靴の金具、きらきら光って、いやだー）

ひきゃる 手を引く。「子どもどご、ひきゃえでけれ」（子どもの手を引いてちょうだい）

ひくかくで・ひくしゃくで・ときぽきじ『形容詞・擬態語』落ち着かない。気ぜわしい。「おめは、いっつも、ひくかくでがら、つまっきゃりするなでねが」（お前は、いつも、落ち着きがないから、つまずくのでないか）、「ひくしゃくじわらしだ」（落ち着きのない子どもだ）※ほかに似たような意味の擬態語に「ひくひくで」「とくとくで」などがある。↓しょわしね、こちょわしね

ひくる ↓しくる

びこたこ『形容動詞』対-つい-のものがそろわない様。不揃いな様。

ひざかぶ・ひじゃかぶ【膝頭】膝（ひざ）。膝小僧。

※「ひざこうべ」というところもあるというから（佐渡など）、「かぶ」は「かうべ（こうべ）」の転化と考える。

ひしぎる・ひしぎれる ①下駄などの歯がひしゃげる。「げだのは、ひしぎれだ」（下駄の歯が、ひしゃげた）②桶などが乾燥する。「おげひしぎれでしまって、うるがさねばちかわえね」（桶が乾燥してしまって、水に浸さなければ使えない）※北海道、東北で通用するが、この用例は県北の例〈秋田のことば〉。

ひしげゃる・ひしゃげる・ひしぐ【拉-ひし-げる】押されてつぶれる。ゆがむ。いびつになる。「重箱のふた、ひしげで合わねぐなった」※方言だと思って使っているかもしれないが、実は全国共通。

びじっと『副詞』①いっぱい。※「どじっと」「でっちり」などと同義。「でゃご、おっきな樽さ、びじっと漬け込んだ」（大根を大きな樽に、いっぱい漬け込んだ）②しっかり。※共通語では「ぴしっと」か。「押し売りの電話きたら、びじっと断る」（押し売りの電話きたら、ぴしっと断る）

ひたしこ【浸し】（食品）おひたし（野菜などをゆでたもの）。

ひだな【火棚】（住）囲炉裏の上に天井からつるした棚。※いぶり大根は、この棚を使って各家庭で作った。昔、湯沢・雄勝では「いぶり大根」のことを「すすでゃご」（煤大根）と言った。

びっき ①（両生類）かえる（蛙）。ひきがえる（蟇蛙）。※のっそりと脚を引くさまを特徴としてとらえ、それを「ひき」でなく語頭濁音化して促音の挿入で「びっき」と表現した〈秋田のことば〉。→ぎゃらくと ②財布。※「がまぐち」からの連想か。③赤ん坊。※北秋・鹿角の方では、「このびっき」と、大人が子どもを罵って言うときに使うようだ。

ひっちぎゃる【引き違える】関節を捻挫する。手足の筋を違える。くじく。

ひでこ・しゅでこ（植物）シオデ（牛尾菜）。※ユリ科の蔓性多年草。牛の尾の形に似ている菜、から牛尾菜と書く。若葉は食用、美味。

ひど・ひどっこ・どよんこ（自然）山腹の窪地。谷の沢。※ひだ（襞）の転化。襞は、細く折りたたんだように見えるしわ状のもの。

ひとえぎ【一息】もう少しの時間。もう少しの努力。「ひとえぎついだら、行ごが」（もう少し経ったら、行こうか）、「もうひとえぎだ」（もう少しのがんばりだ）

ひとかだげ【一片食】一度の食事。一回の食事。また、その食事に供するおかず一品。

ひとげぁり 一回。一度。

ひとごみ・ひとごび 人見知り。はにかみ。「ご」は鼻濁音。※人に会うのを恥ずかしがったり、はにかんだりするという意の「ひとおくめん（人臆面）」の転化〈語源探究〉。

ひとじ【一つ・等し】〔形容動詞〕同じだ。そっくりだ。「おれの苗字は、官房長官とひとじだ」（俺の苗字は、官房長官とおなじだ）※湯沢・雄勝では菅（スガ）さんはたくさんいる。

ひとせ【一背】背中一杯の荷物。「山さ行って山菜ひとせ背負ってきた」（山に行って、山菜をリュック一杯採ってきた）

ひとそびゃ【人戯《そば》え】人に甘え戯れること。子どもが客の前ではしゃいだりいたずらしたりすること。※「戯《そば》える」は、馴れて戯れる、ふざける、甘えるという意〈広辞苑〉。

ひとめわり【人目が悪い】〔形容詞〕外聞が悪い。きまりが悪い。恥ずかしい。「こただ恰好して、ひとめわりぐねが」（こんな格好して、恥ずかしくないの?）

ひとりぜわ【独り世話】自力で独立すること。

ひなくしゃ『形容詞』焦げくさい。きなくさい。※「きなくさい」から「ひなくさい」に転化したものだろう〈語源探究〉。

ひまだれ【暇垂れ】暇つぶし。余計な時間。時間を取らせること。「ひまだれに、こんた菓子作ってみだ」（暇つぶしに、こんなお菓子を作ってみた）、「ひまだれかげで、わりがたんし」（余計な時間をとらせてすみませんでした）

ひゃぐひろ・ひゃぐしろ【百尋】（身体）腸。はらわた。※一尋（ひとひろ）の百倍。一尋は成人男子が両手を左右に広げたときの、指先から指先までの長さ。だいたい四尺五寸（一・三六m）～六尺（一・八m）くらい。従って百尋は、一三六mないし一八〇mということになるが、ここでは長い意を表し、転じて腸・はらわたの意。分布は、東北から四国、九州にまでおよぶ〈語源探究〉。

ひやしぶり『形容動詞』久しぶり。※「ひさし」が「ひやし」に転訛。「おっ、ひやしぶりだな」（おっ、久しぶりだね）

びゃっこ・ばっこ・べっこ『副詞』少し。僅か。「なんぼが釣れだが。ウーン、びゃっこナ」（いくらか釣れましたか。ウーン、少しだけ）、「びゃっこばりのジェンコ欲しくて、欲たげで、ざま見れた」（少しばかりの鐘を欲しくて、欲ばって、見ろあのざま!）↓しこたま

ひゃっこい ↓はっこい

びゃってぁ・びゃたこい『形容詞』小さい。「びゃってぁわらしたぢも、テレビ見でで、ながながねねで困った」（小さい子どもたちも、テレビを見ていて、

なかなか寝なくて困った）

ひゃてたんしぇ『句・挨拶』お入りください。※「ひゃれ」（入れ）の丁寧表現。

びゃなぐり（遊び）①めんこの打ち方の一種。※斜め上に手を振り上げて、横なぐりに地面に打つ。②木片・小石などを投げつけて、物を落とす動作。果実を打ち落とす棒。「びゃばぐりかげる」（棒で打ち落とす）

ひゃならし・ひゃんならし【灰均し】（道具）はいならし。灰かき。※火鉢、囲炉裏などの灰をかきならす真鍮などの金属製の道具。〈西馬音内盆踊り地口より〉〽岩永左衛門　阿古屋を責めるに　胡弓ど琴三味線　ハアソレソレ　俺えのばっちゃ　俺どご責めるに　火箸ど灰（ひゃー）ならし

ひゃーほろぎ【灰ほろき】（道具）灰皿。※「ほろく」は払い落とすの意から、灰を払い落とす器。

ひゃらしぇらえね　入れてもらえない。※「ひゃらしぇらえる」の否定形。「ひゃれる」だけで「入ることができる」の意になるが、更に念押しに（あるいは無意識に）可能の助動詞「られる・らえる」を付加したもの。これを否定形にしたものが「ひゃらしぇね」「ひゃらしぇらえね」である　↓かれられね

ひゃりぐち【入り口】いりぐち。↓あがりっぱ、とのぐち、はどめぁ

ひゃる【入る】はいる。「よぐ来たごど、まず、ひゃれ」（よく来てくれたこと、まず、お入り）。これを丁寧語になおすと、「よぐおざたんしごど、まず、ひゃてたんしぇ」（よくいらっしゃいました、まず、お入りください）となる。↓へる

ひゃんときゃし・へんぽきゃし・てんぽぎゃし【返報返し】仕返し。報復。※「返報」と「返し」の重言である。

びょう・びょん『助詞』～だろう。※助詞「べ」の推量形。「んだびょう」（そうだと思う）→べ、べた、べもの、だべ

ひらか・ひらかむし（昆虫）ゲンゴロウ。※水路やため池などにいる、大きなゲンゴロウで、食用にもしたという。「ひらか（平瓮）」は、平らな皿のような器。ゲンゴロウは体の扁平な卵形、この形を平瓮に見立てた名称〈語源探究〉。

ひらつぎ（自然）なだれ。※「ひら」は傾斜地のことで、そこの雪を「突く」と雪崩が生じる。→なで

びらびらで『形容詞・擬態語』安っぽく派手な。

ひろっこ【蒜】（植物）浅葱（あさつき）の若芽。※これは湯沢市三関特産。そのほか地域によって、分葱（わけぎ）、野蒜（のびる）などもあり、春の食卓を飾る。「ひろっこ」は蒜（ひる）から転訛した。

びんがり『擬音語』ごつんと殴打する動作。「そたごどするごたば、びんがりぶ殴ぐてけるど」（そんなことをするんだったら、ごつんとやるよ）、「が」は鼻濁音。→ばんがり

びんどりこ（遊び）お弾き。また、その平たいガラス製の玉。※北秋では「びどろこ」「たねっこ」とも。お弾きとは、間をあけて置いた平たいガラス玉（びんどりこ）を、指で弾き飛ばし、当てたものを取り合う遊び。元々ガラスやガラス製器具を意味するポルトガル語ビードロvidroが語源とされる。→がらしめんこ

【ふ】

ぶ『接頭語』動詞に付けてその意味を強調、または激しい勢いでその動作をする意を表す語。「ぶなげる」「ぶっぱなす」「ぶったおれる」

ぶう【負-お-ぶう】おんぶする。背負う。

ふかし【蒸かし】(食品) 赤飯。↓あぎゃまま、あずぎまま、こわい

ふがふがて〘副詞〙(鼻を膨らませて) 自慢げに。「が」は鼻濁音。

ふぎ【吹雪】(自然) ふぶき。※吹雪になることを「ふぎ吹ぐ」という。

ふぎどり【吹雪-ふき-倒れ】吹雪で行き倒れになること。吹雪で遭難すること。吹雪で雪まみれになり動きがとれなくなること。

ふぐ(植物) 藁(ワラ)や葦(アシ)の表皮の中にある薄い皮膜。芯を覆っている皮。※「ふぐ布団」は「ふぐ」で作った布団で、わら蒲団より柔らかい。昔、長靴の底に入れて保温用に使った。

ふぐ【吹く】①出まかせを言う。ほらを吹く。②(たばこを) 喫(す)う。※「ふく」と「すう」は逆の動作のようだが、「吸い込んだ煙草の煙を、口をすぼめて吹き出す」一連の所作を「喫う」と表現したものと考える。

ふぐだち【茎立-くくたち-】(植物) 葉物野菜の花茎が、早春にもえ出る薹(とう)。※クキタチ↓ククタチ↓フクタチ、という転訛の流れらしい。多くはスズ菜(かぶ)の薹を指すらしいが、湯沢・雄勝では白菜が雪の下で冬越したものを言い、早春の野菜売り場に一斉に出回る。繊維が少なくて軟らかい。

ふぐだっけ【ふくだ毛】(身体) うぶ毛。顔や手足などに生える薄い毛。※「ふくだ」は「ふくだむ」(けば立ってぼさぼさになる) から〈大辞典〉。

ふぐだろびっき【福太郎蛙】(両生類) がま蛙(ヒキガエルの別称)。※仙台ではネズミのことを「福太郎」というらしいが、どうして蝦蟇(がま)に福太郎なるあだ名をつけたのか、語源に諸説あり定説無し。単に擬人名化して親しみを表したものか〈語源探究〉。

ふくふくで『形容詞・擬態語』ふっくらしている様。「彼女、このごろふくふくでぐなてきたな」（彼女、このごろふっくらしてきたな）

ぶぐぶぐで『形容詞・擬態語』しまりなく太っている様。「このわらしっこ、まんちぶぐぶぐでごど」（この子は、何とまあ太っていること）→ゆきゆきで③

ふぐべ【瓢・瓠】（植物）瓢箪（ひょうたん）。ひさご。※「ひさご」はヒョウタン、ユウガオ、トウガンなどの総称。ヒョウタンはユウガオの変種。国語辞典の「ふくべ」の項に載っているので、方言ではなかった。

ふぐべ・ふぐべたな（衣類）農家の女性が農作業のときに顔を覆う、紺か黒の布。※「ふぐべ」は覆面の、「たな」は手綱の転化。湯沢・雄勝では見られないが、由利、庄内、新潟の日本海沿岸沿いの地域で見られる風俗〈語源探究〉。

ふぐろ【梟-ふくろう-】（食品）濁酒。密造酒。※フクロウは昼は密林の木のこずえで眠り、夜活動して、ネズミ・ウサギ・小鳥などを捕食する。密造酒も昼は酒役人の目をはばかり姿を見せず、夜になって人前に現れるのでフクロウといったもの〈語源探究〉。→えんぺ

ふけさめ【蒸け冷め・耽け醒め】病状・気分や業績などが一定でないこと。※体温が上がったり下がったりして病状が一定しない、あるいは人の気分にむらがある、心の変わりやすいことをいう〈大辞典〉。また、商売の業績が良くなったり悪くなったりする様をいう。東北地方で通用。

ふご【畚】（「参」の「彡」を「田」に置き換える。）（道具）①縄や蔦で編んだ馬の口をふさぐもの。※馬が余計なものを食べたり、稲を運ぶとき稲を食べた

りしないように、口をふさいだ）②竹で編んだ半球より縦長の笊（ざる）。（水きりに使った）③小さいかご。手かご。たけかご。④竹やわらで編んだ箱型の運搬道具で、農産物を入れて背負う物。

ふごむ【踏込む】①（わらじや草履などを履いたまま）上がり込んで囲炉裏やコタツに当たる。②無理に入る。他家に踏み込んで抗議する。怒鳴り込む。「あの人だば、文句あるどて、おらえさふごんできた」（あの人は、文句あると言って、わが家に怒鳴り込んできた）

ふしから　節が多い材木。節だらけの木。※「節榑-ふしくれ-」の転化。

ふじぐる　ふざける。駄々をこねる。無理難題をいう。※勝手なことを言って暴れる子ども、あるいは、無理難題を言ってくだまく酔っ払いの様子を表す。

ぶしけづら・ぶすづら　ふくれっ面。不機嫌な顔。※「ぶしける」（不機嫌な顔をする。膨れる）から。仙北・平鹿・由利で使われるが、湯沢・雄勝ではずばり「ふぐれっ面」ということが多い。

ぶしける・ぶすける　→ぶしばる

ぶしばる【ぶす張る】不機嫌な顔をする。ふくれ顔をする。すねて怒る。「用言いづげるど、すぐぶしばる」（用を言いつけると、すぐふくれっ面をする）※「ぶす」は「ぶすっとする」と同じように不機嫌な様を表す。仙台では同じ意味で「ぶすを食う」という。

ふじゃらう　足で蹴っ飛ばす。足で押しやる。「布団どごふじゃらって寝るがら、風邪ひぐなだ」（蒲団を蹴とばして寝るから、風邪ひくのよ）※「ふむ（踏む）」は「蹴る」の意で用いる。「さらう（浚う）」は「取りのける」の意。これら二語の複合動詞フミサラウの転化と考えられる〈語源探究〉。

ぶじょほ　→ぶぢょほ

ふじらける・ふじげる【踏付ける】踏み荒らす。踏みつける。「そごなだり、あまりふじらけるな」（そこいら辺、あまり踏み荒らさないで）

ぶたぐ・ぶたらぐ・ぶただぐ 叩く。殴る。ひっぱたく。「ありゃ、生意気だがら、ぶただいでやる」（あいつは、生意気だから、ぶんなぐってやる）※「ぶったたく」「ぶちたたく」（打叩く）から。「ぶっ」「ぶち」は共に強意強勢の接頭語。

ふだらぐ【補陀落】通夜や法要の時に歌う仏教主題の歌。※葬儀の後など、夜に身内や近所の人が集まって歌う「百万遍念仏」「西国三十三所御詠歌」のこと。西国（さいごく）三十三所とは、近畿二府四県プラス岐阜県に点在する三十三か所の観音信仰の霊場。御詠歌とは、それぞれの霊場の巡礼歌。

ふちゃぐ・ひっちゃぐ【引き裂く】引き裂く。破る。「ざえっと紙をふちゃぐ」（一気に紙を引き裂く）※「ふちゃげる」の他動詞形。

ぶちゃぐ・ぶっちゃぐ【打-ぶっ-裂く】破る。強く叩いて裂き破る。→きらす

ふちゃげる【引き裂ける】（紙などが）裂ける。破れる。

ぶぢょほ・ぶじょほ【不調法】①失礼。不手際。そそう。「ぶぢょほしたんし」（行き届かなくて、申し訳ありません）。※これに「大」を付けて「大（おお）ぶぢょほした」と言えば、「大変失礼しました」となる。②酒などをたしなまないこと。※酒をすすめられたとき、「いたってぶじょほうでして」と、やんわりと断る。

ぶっちゃがます かき回す。※「ぶっちゃ」は強意の接頭辞〈秋田のことば →もけづらかす、もっきゃす

ふとめめじ（環形動物）太くて大きいミミズ。た

まくらミミズ。↓たまくら②、きどめめじ

ぶなげる【ぶ投げる】強い調子で捨てる。↓なげる 〈西馬音内盆踊り地口より〉〽ロンドン条約　あちゃえてもじゃぐれ　こちゃ来てまだもめる　ハアソレソレ　浜口首相もいざこざぶ投げで　こさ来て踊た方え

ふまげる【踏み上げる】蹴とばす。踏みつける。「げ」は鼻濁音。「なんぼなんでも、俺の足ふまげるごと、ねがべしゃ」（いくらなんでも、俺の足を蹴とばすこと、ないだろうが）

ふみだら【踏俵】（道具）雪踏み俵。※降り積もった雪に道をつけるための用具で、俵を小さくしたようなもの。中に足を入れてはき、足がひっかかるようになっており、さらにヒモをつけてそれを手に持ち、持ち上げて歩きをよくする。

ぶらからする『擬態語』仕事もしないでぶらぶらしている。※「ぶらからめぐ」「うらからめぐ」などの使い方もある。

ぶり・ぶりこ【振り】容貌。顔かたち。「ぶりこえー娘だごど」（きれいな娘さんだねえ）※名詞や動詞の連用形に付いて、その形・姿・様子を表す。男ぶり。女ぶり。話しぶりなど。方言では、この男ぶり、女ぶりの、「ぶり」が独立して名詞となったもので、容貌の意となった。〈語源探究〉。〈西馬音内盆踊り地口より〉〽西馬音内（にしもね）の女ごは　どごさえたたて　目に立づ筈だんし　ハアソレソレ　手つぎ見でたんしぇ　足つぎ見でたんしぇ　ぶりこも見でたんしぇ　↓つらつぎ、みがげ

ぶりこ（魚介類）魚類の卵（ハタハタの卵とは限らない）。

ふるあずぎ【古小豆】夜なかなか眠らない子ども。宵っぱりの子ども。※古い小豆はなかなか煮えないことから、「煮えない」を「寝ない」にかけたもの。

ふるこめ【古米】（食品）こまい。※標準語でフルゴメとも言い、方言で濁点がとれる珍しい例。収穫後一年以上たった古い米。

ふるしい【古-ふるし-い】〖形容詞〗古い。※「ふるい」が「あたらしい」への対語としての類推が働いて「ふるしい」になったのであろうか。あるいは、古語の「古し」が「ふるしい」になったのか。編者は前者を取る。

ふるみや【振舞い】①宴会。酒盛り。披露宴。②祝儀。婚礼。→おふるみゃ

ぶんまわし（道具）コンパス。※全県的に通用。「振り回し」に由来するのであろう〈秋田のことば〉。

ぶんめぁ【分前】分け前。

【へ】

べ・べが・べしゃ〖助動詞〗「べい」「べー」の短呼。「べい」は、助動詞「べし」の連体形「べき」の音便（おんびん）形（Bekiのk落ち）。①〜だろう。※文末にあって推量の意を表す。「車で来たべ」（車で来たんだろう?）、「腹へったべ」（腹へっただろう?）、「うめがったべ」（うまかっただろう?）、「忙しがったべ」（忙しかったんだろう?）②よ。※文末にあって軽い意志を表す。「ちょっと行ってくるべ」（ちょっと行ってくるよ）③よ。※文末にあって勧誘の意を表す。「さあ、行ぐべ」（さあ、行こうよ）→だべ、びょう、べた、べもの

へぎはる【癖-へき-張る】肩が張る。肩がこる。※「癖-へき-」とは「肩癖-けんぺき-」の頭略で、肩こりの意〈大辞典〉。

へくさむし【屁臭虫】（昆虫）カメムシ。※どちらかというと「へくさむし」は宮城、山形、新潟で使われ、湯沢・雄勝では「あねこむし」が主流。→あねこむし

べご【牛】（動物）うし。※主として東北一円で使われるが、全国的に通用する。語源は、牛の意のアイヌ語「pekoペコ」からの転化とする説〈大辞典〉がある一方、牛の鳴き声べーの基づく語であるという説〈語源探究〉もある。

べごんこ（植物）ネコヤナギの花。※花穂の感触を、牛にたとえて呼んだ名。

へじる・へずる【削る・剥る】①物をけずる。（調理などで）材料を削り取る。刮（こそ）げる。「鉛筆をへじる」（鉛筆を削る）、「鍋の底さ残った、こびどごへじる」（鍋の底に残った、焦げを削り取る）②減ずる。一部分を取る。「予算をへじる」「財布がらへじて出す」

へそっとしてる『形容動詞』しょんぼりしてる。気落ちしている。沈んでいる。

へそび【釜墨】なべ底についた煤（すす）。

べた・べしゃ『助動詞』①～だろうよ。※念を押すような使い方をする。「あんだ、この会社の社長だべた」（あんた、この会社の社長だろう?）、「さきた、言ったべた」（さっき、言っただろう?）「んでねべた」（そうでないんだよ!）②～のつもりだ。「あした行ぐべた」（あした行くつもりだ）、「言いでゃごど、言うべた」（言いたいこと、言うつもりだ）※助動詞「べ」に、念押しの意の助詞「た」「しゃ」をつけて、「べた」「べしゃ」で一語の推量の助動詞として扱う。

→べ、べもの、びょう、だべ〈西馬音内盆踊り地口より〉〽月はかぐれで　かがり火消えで　電灯も消えれば　ハアソレソレ　皆が逃げだら　ぽろっと二人で　うんとて踊るべしゃ

へちゃ　余計なおしゃべり。告げ口。

へちゃまげる・へちゃする　余計な世話を焼く。告げ口する。

へちゃむぐれ おしゃべり（饒舌家）。※口の軽い人を罵って、あるいはあざけっていう言葉。口数が多いだけでなく、内緒話を軽々しく触れ歩いたり、勝手な憶測で噂を言い触らしたりする迷惑な人でもある。糸瓜（へちま）の皮がむくれる、との意から〈大辞典〉。
→おがしゃべり

べったらこい 『形容詞』平べったい。

べっちょ （昆虫）蝶。※蝶のことを「べらこ」と言う地域があり、このベラコのベラとチョウの重言・ベラッチョウからベッチョに転じたものであろう〈語源探究〉。

べっちょかぐ べそをかく。泣き顔をする。「このわらし、ひとな家（え）さ行げば、ひとごみしてべっちょかぐくせある」（この子は、よその家に行くと、人見知りしてべそをかく癖がある）

べってゃ・びゃたこい・べて 『形容詞』小さい。背が低い。

べっとう【別当】①神仏に供えたものを下げて食べること。※特に、子どもが供物をこっそり食べることを「べっとうする」という。②神社などの回り番の役目。

へどろ （履物）爪皮（藁で作ったツマカワ）のついたスリッパ風藁ぞうり。→しべ、さんぺ、しんべ

べなぐり 物を投げて木の実を落とすこと。「べなぐりかげで栗っこ落どそ」（石でも投げて、栗を落とそう）→びゃなぐり

へめぐる あちこち歩く。ぐるぐると狭いところをぬって歩く。「あまりあちこち　へめぐるな」（あまり狭いところをぬって、ぐるぐる歩くな）「この子犬、どごへめぐって来たべ、泥だらけだ」（この子犬、どこの狭いところを歩き回ってきたのか、泥だらけ

だ）

べもの・べおの〘助動詞〙〜でしょう。※助動詞「べ」に、詠嘆の終助詞「もの・おの」が付いて、丁寧な推量になる。「まさが行がねべもの」（まさか行かないでしょう）→べ、びょう

へら【篦ーへらー】①飯を盛る杓子（しゃくし）。しゃもじ。※一般的には「平たくした板状の道具」であり、雪掻きに使うものは「雪べら」という。②妻が夫より年上であること。「あこなえの嫁こ、へらだどよ」（あそこの家の嫁さん、年上だそうよ）、「一（ひと）へら二（ふた）へら果報べら」（妻が夫より一つか二つ年長の場合は、姉さん女房で親切にされるし、概して世帯もちもよく、男にとってしあわせだ、という意の諺）

へらからする うろろする。※「へらから」はうろつく様をいう擬態語。「用もねえのに、あまりへらからするな」（用もないのに、あまり事ありげに、あたりをうろうろするな）

へらからめぐ →へらへらめぐ

へらかんぺ →さとめんこ

へらこあめ おしゃべり。「このワラシだばへらこあめで、大人の話さまで口出す」（この子は、おしゃべりで、大人の話にまで口出す）※「軽々しくしゃべる」のヘラツグに、女性をののしっていうアマが付いて、ヘラツグアマになり、これが変化してヘラコアメになったと考える。

へらつぎ【篦ーへらー搗餅】（食品）半殺しのもち。ぼた餅。おはぎ。

へらつぐ ①軽々しくしゃべる。言いふらす。※この意味で、南秋・河辺・仙北・平鹿では「へらかす」という。②軽々しく振る舞う。※饒舌なおしゃべり、軽薄な様をいう擬態語のヘラに、動詞をつくる接

尾語ツクが付いたものか。↓へらこあめ

へらへらで『形容詞・擬態語』目まいがする。吐き気がするほど気分が悪い。↓まぐまぐで、うるうるで

へらへらめぐ・へらからめぐ『擬態語』追従（ついしょう）する。へつらう。媚びる。

へる【入れる】（器や部屋に）いれる。※アクセントは平坦。「ポットさ水へる」（ポットに水を入れる）↓ひゃる

べろ　よだれ。「この子だば、ベロたらしで、べろかげ何枚あっても足りね」（この子は、よだれたらしで、よだれかけ何枚あっても足りない）※湯沢・雄勝では「舌」を「べろ」とは言わない。仙台の歯医者に行ったとき、「はい、口を開けてベロを出して」と言われたときはびっくりした。ベロ（よだれ）は、出すものでなくて、出てくるものだ。

べろっと・べろり『副詞』①むき出しの様。「Yシャツどご、ズボンがらべろっと出して…」（Yシャツを、ズボンからだらしなく出して…）②全部。すっかり。一面に。「あこなだり、べろり焼げでしまた」（あそこら辺は、すっかり焼けてしまった）

べろべろど・どやどやど『副詞・擬態語』平気で。勝手に。ずかずかと。手ぶらで。「べろべろど家（え）の中さひゃってきた」（ずかずかと家の中に入ってきた）

【ほ】

ほいど・ほいどっこ【陪堂-ほいとう-】①乞食。物貰い。食いしん坊。欲張り。けち。「うんと働がねば、やがて、ほいどになるど」（ちゃんと働かないと、やがて乞食になるぞ）②（身体）まぶた（眼瞼）にできる腫れもの。麦粒腫（ばくりゅうしゅ）。も

のもらい。「めさ、ほいどっこでげだ」（目に、ものもらいができた）※湯沢・雄勝では、上瞼にできる「ものもらい」は「だんなさん」と言って、下瞼にできる「ほいど」と区別している。できものにも上下の差別がある。陪堂-ほいとう-は、禅宗で、僧堂の外で、食事のもてなし（陪食）を受けること。あるいは、寺や僧侶に贈る米麦のこと。これがどうして、人を愚弄したり軽蔑したりする語になったのか。また、まぶたにできる小さな腫れ物（麦粒腫）も「ほいど」（当地方では「ほいどっこ」）、あるいは「ものもらい」（関東地方）ともいう。「ものもらい」というのは、腫瘤が米麦の粒のようで、寺や僧侶に贈る米麦からの類推からか。また、この炎症に罹ったとき、よその家で食べ物を貰って食べると、この病気は治るという伝承があるという〈世界大百科〉。　↓ものもらい

ほいどたがれ【陪堂-ほいとう-たかれ】けちんぼ。欲張り。※「たかれ」は強調してののしるニュアンスを付ける。「哮-たけ-る」（声高く叫ぶ、怒る）、「猛-たけ-る」（あばれる）あるいは「長-たけ-る」（ある面に長じる）のいずれからか。または、人を脅して金品をまきあげたり、食事をおごらせたりする意の「集-たか-る」からか。編者は後者を採る。

ぼう・ぼっかげる【追う】追う。追っかける。追い払う。追い出す。※この方言は、北海道から東北、甲信越、中部、近畿あたりまで通用する。〈西馬音内盆踊り地口より〉〽どごさ行っても不景気話は　しぇっぺに聞ぎあぎだ　ハアソレソレ　三味線太鼓の　踊りの拍子で　不景気追(ぼ)ってやれ　↓ぼだす

ぼうぼって『副詞』ぼうぼうと。※火が燃えさかる様。

ほえんさん・ほえんさま【法印様】①神官。神主。②山伏。祈祷師。※本来、「法印様」は僧侶の最高

位。中・近世は神仏混淆の状態であったから、山伏を法印と呼ぶことがあったが、その名残であろう〈秋田のことば〉。

ほがす ほぐす。綿を打ち直す。綿を打ちほぐしてふっくらとさせる。※青森、新潟、山梨、静岡に同様の使い方あり〈語源探究〉。↓ほげる

ほぎかげる 犬などをけしかける。そそのかす。※犬にホキホキという掛け声で、けんかをけしかける。↓ほっきかげる

ほぎだす【吐出す】口に含んでいた食べ物・飲物や異物を外に吐き出す。↓あげる、あます①、こまもの ※この辺の方言だと思ったら、「NHKラジオ深夜便」（平二九・二・二三）で東京都小平市の平櫛弘子さん（木彫家・平櫛田中の孫）が「鬼の舌からほきだす」と言っていた。関東でも使われるのかも知れない。

ほきゃす【掘り返す】掘り起こす。↓ほっきゃす

ぼぐど・ぼきなぎ 棒切れ。※「ぼく」は棒の古語ホコ（桙）からの派生語であるという。これに丸太などへの類推から接尾語のタが付きボクタになり、これがボクトに転じたか〈語源探究〉。

ほげる ①植物の芽などが萌え出る。生える。「雪の下から、ふぐだぢほげできた」（雪の下から、菜っ葉の新芽が出てきた）②跳びはねる。（ゴムまりなどが）はずむ。「こりゃよぐほげる球だな」（これはよく弾む球だね）③柔らかくふっくらとなる。ふかふかになる。「布団干したけ、えぐほげだ」（蒲団干したら、ちょうどよくふかふかになった）※「ほがす」の自動詞形。

ほごす【解-ほぐ-す】①結んだり、縫ったり、または織ったりしてあるものをときわける。ほどく。気持ちをやわらげる。②解体する。「ご」は鼻濁

音。

ぼこす・ぼっこす【打-ぶっ-壊す】①壊す。破壊する。②（契約や婚約などを）破棄する。※ぶちこわす↓ぶっこわす↓ぼっこす、という転訛の流れらしい。↓ぼこれる

ぼこれる ①（物が）こわれる。「そただ無理なちょしがだするど、機械がぼこれる」（そんな無理な使い方すると、機械がこわれる）②（話が）こわれる。「まどまった取引が、ちょっとしたはずみで、ぼこれでしまた」（まとまった取引が、ちょっとしたはずみで、破談になってしまった）※「ぼこす」の自動詞形。↓ぼこす

ぼさっと『副詞』何もしないで放心したようにぼんやりしている様子。「おい、ぼさっと立ってねで、田植え手伝え」（おい、ぼんやり立ってないで、田植えを手伝え）

ほじぐ【穿-ほじく-る】突っつく。（鳥などがくちばしで）つつく。↓ほっつぐ

ほじくたらね『形容詞』①記憶がない。覚えがない。「ほじくたらねぐなて、メガネどさえたがわがらね」（記憶がはっきりしなくなって、メガネはどこへいったかわからない）②他愛ない。非常識だ。「ほじくたらねヤヅさむがて、何ゆっても無駄だ」（非常識な奴に、何言っても無駄だ）③要領を得ない。訳のわからない。「いづまでも、ほじくたらね話するな」（いつまでも、訳の分からない話をするな）

ほしける・ほしぇる ①乾く。乾燥する。「今日はええお天気だがら、洗濯物えぐほしぇるべ」（今日はいい天気だから、洗濯物はよく乾くだろう）②吹き出物などが治っていく。「できもの、やっとほしけできた」（できもの、やっと治ってきた）

ほじなし【本地無し】非常識な人。愚か者。まぬけ。

※「本地」とは正気の意。「正気を失っている者」、従って「愚か者」となる。↓ほんきなし

ほじね【本地無い】〘形容詞〙常識が無い。ものの道理がわからない。子どもっぽい。間抜けだ。「なんぼなっても、ほじねくて困った人だ」（いくつになっても、しっかりしなくて困った人だ）

ほじねぐす【本地無くする】意識を失う。「隣のじさま、畑でほじねぐなって倒れド」（隣のじいさん、畑で気を失って倒れたそうだ）

ほだ（植物）①若いわらびや、ぜんまいなどを包んでいる綿のようなもの。②枯れ草。

ぼだ・ぼだっこ（魚介類）シオザケ（塩鮭）。※「ぼたん（牡丹）」からの名称。肉が牡丹色（牡丹の花の色、すなわち濃い紅梅色）をしているところから。

ぼだす・ぼなぐる 追い出す。「野良猫ひゃてきたなで、ぼだしてやた」（野良猫が入ってきたので、追い出してやった）※「ぼ」は「追‐ぼ‐う」から。「ぼなぐる」は「追‐ぼ‐いなぐる」の「い」脱落。「なぐる」は動詞に付いて補助動詞的に用い、粗暴にする意を表す。「書きなぐる」「言いなぐる」など〈大辞典〉。（東成瀬村・仙人の郷流『俳句・川柳』より）「分がらねば　ぼだされでぁがど　おど怒る」〈西馬音内盆踊り地口より〉〽良い事悪い事　地口櫓（やぐら）で　ぁんまりしゃべてけな　ハアソレソレ　隣の姉コは何とか言われで　その晩ぼだされだ

ほたでる 急き立てる。「今日せやめで、しごどさ出るのが、やんかがたのも、ほたでできた」（今日おっくうで、仕事に出るのが、嫌だったけど、自分を急き立ててきた）

ほたばり〘副詞〙その程度。

ぼだもぢ【牡丹餅】（食品）萩の餅。おはぎ。※牡丹に似ているから「牡丹餅」といい、煮た小豆を粒の

まま散らしかけたのが、萩の花の咲き乱れるさまにに
ているということから「萩の餅」または「おはぎ」という
〈広辞苑〉。湯沢・雄勝では、春は「ぼだもぢ」、秋は「おはぎ」という。

ぼだゆぎ【牡丹雪】（自然）ボタボタと降る雪。多数の雪の結晶が付着しあって大きな雪片となって降る雪。※牡丹の花びらのように降るから、あるいは、ぼたぼたした雪だから、どちらでしょうか。

ぼっかげる →ぼう

ほっきかげる【発気かける】けしかける。※発気（ほっき）とは、心を奮い立たせること〈大辞典〉。
→ほぎかげる

ほっきゃす【掘っ返す】①掘って土をくつがえす。②決着のついたことなどを改めて問題にする。
→ほきゃす

ぼっこ・ぼろっこ（靴、そり、スコップ、スキーなどについた）雪のかたまり。※よく下駄の歯にくっついたものだ。

ぼっこ・ぼんぼ・ぼぼこ【坊っこ】坊や。赤ちゃん。

ぼっち（衣類）かぶりもの。冬のずきん類。※「帽子（ぼうし）」→ぼっちに転訛

ほっつぐ 鳥がえさを突っつく。ついばむ。

ほっぽらがす 放りっぱなしにする。→さらかまわね

ほでね ①わからない。記憶が定かでない。正体ない。「あまりむがしのごどで、ほでね」（あまり昔のことで、はっきりしない）②どうしたらいいかわからない。方策がない。手だてがない。「事故に遭って、ほでねがた」（事故に遭って、どうしたらいいか分からなくて混乱していた）※語源を探れば、【本手-ほんで-でない】が一つ。「本手」とは、その人の真の技量、腕前。そのほか【放題・法第・傍題ない】な

ど諸説あり。

ほどびらがす【潤-ほとびら-かす】ぜんまいなどの乾物を、水によくつけてふやかす。※「潤-ほと-びる」は、水分を含んでふくれる、水でやわらかくなる、ふやける、などの意。

ほどる【熱-ほと-る】（顔や体が）熱くなる。ほてる。※照れくさくて、あるいは恥ずかしさで顔が「ほてる」は、「火照る」となろう。

ほにょ【穂堆-ほにお-】木の棒を立てて、その周囲に刈穂を円錐形にかけて乾燥させるもの。杭棒にかけた稲束。※「穂堆」は当て字。↓にお、はさ

ほねやみする【骨病みする】（力仕事で）体の節々が痛む。「昨日の雪下ろしで　ほねやみしてきた」（昨日の雪下ろしで　体の節々が痛んできた）※鹿角地方では「怠ける」という意で使われる〈語源探究〉。

ほのはまま【朴の葉飯】・**このはまま**【木の葉飯】・**さずぎまま**【五月飯】（食品）ご飯にきな粉と黒砂糖をかけ、ホオノキの葉にくるんだ田植え時の食べもの。※朴（ほお）の香りがして、田んぼで食べると特においしいものであった。子どものおやつにとしても喜ばれた〈本荘ことば〉。↓ほんぬぎ

ぼぼこ・ぼんぼ　赤ん坊。幼児。

ほほらぬぐぇ『形容詞』ほんのり温かい。※「ほほら」は形容詞に付いて、わずかに、かすかに、少し、何となくなどの意を添える。

ぼやぼやで『副詞』①むし暑い様子。②ぼんやりしている様。※「ぼやぼや」は炎や湯気などが盛んに立ちのぼる様をいう。

ぼらけ【法螺気】目立ちたがり。ものにはやる気持ち（客気-かっき-）。お人よし。※気-け-は、そのような様子、傾向が感じられる、という接尾語。↓ば

がけ

ぼらまげる【法螺まける】自慢する。おしゃれする。※実情以上によく見せようとして、過大なことを言ったり着飾って見せたりする。

ほりね・ほんね【本意-ほい-ない】ありがたい。かたじけない。申し訳ない。すまない。面目ない。※「ありがとう」より深い感謝の意。これに「お」を付けると、らにさ丁寧になる。贈り物もらったときなど「おほりねぁんしごど」という〈雑記帳〉。思い通りにならない、思いがけない、の意の「本意ない」を当てた。→わり

ほろぐ ①（体や服についた雪やほこりを）払い落す。はたき落とす。振り落とす。ゆすり落とす。「服さちだ雪ほろてがら、家（え）さひゃれ」（服についた雪を、払ってから家に入りなさい）※吹雪の中、必至の思いで学校に到着すると、先に来ていた上級生が、玄関でほうきで全身の雪をほろってくれた。②（あまりしょっぱくて、口を）振るう。ゆする。「くちほろぐ」※「はらう（払・掃）」の転化か。

ほろける【惚-ほう-ける】①放浪する。あちこち気ままに歩く。徘徊する。※語源説に「放浪ける」からとの説もある。②失いつくす。「かげごどさ夢中なてしまて、財産もほろげでしまた」（賭け事に夢中になってしまって、財産も失ってしまった）

ほんきなし【本気なし】まぬけ。ばかもの。「このほんきなし、これがらきぃつけれ」（この間抜けめ、これから気をつけろ）→ほじなし

ほんきね【本気でない】〔形容詞〕バカだ。正気でない。バカ臭い。

ぼんじ・ぼんず【坊主】子ども。坊や。ぼうず。※男の子をぞんざいに、あるいは親しんで呼ぶときに使う。→ぼんぼ

ほんて・ほんとえ【本当に】『副詞』ほんとうに。じつに。「ほんて、えがたんしな」（本当に、良かったですね）、「この子は、びゃっこ見ねうじ、ほんとえ大きぐなったごど」（この子は、ちょっと見ないうちに、ほんとに大きくなったねえ）

ほんとっこ・ほんとこ【本当っこ】（遊び）真剣勝負の遊び。※勝敗の結果に、戦利品や権利のやり取りが伴う遊び。→うそっこ、わしらっこ

ほんな（植物）ヨブスマソウ（夜衾草）。※キク科の大形多年草。茎は中空で、あいごぎ・しどけと並んで「山菜御三家」と呼ばれる。夜衾（よぶすま）とは、古くなった着物を継ぎ合わせて作った夜具のことで、コウモリやムササビを指す言葉としても使われる。葉の形が、コウモリなどの飛ぶ姿に似ていることから、ヨブスマソウと言ったようだ〈古代探訪〉。

ほんにする『句』信じる。真に受ける。「それ、ほんにしてえなだが」（それ、真に受けていいのか）

ほんぬぎ・ほんのぎ【朴（ほお）の木】（植物）ホオ。ホオノキ。※モクレン科の落葉高木。五月頃、丸弁の白い十五㎝もの大きな花を開く。葉は大きな卵形で、食物を包むのに用いられる。→ほのはまま

ほんね →ほりね、わり

ぼんぼ・ぼぼこ ①赤ん坊（乳幼児）。※親しみと愛情をこめて。②坊ちゃん。坊や。※男の子を丁寧に言う。→ぼんじ

ぼんぼら ①（植物）かぼちゃ。→どふら② ②頭の悪いこと（ぼんくら）。役立たず。まぬけ。

ぽんぽんじ・ぽんぽんで『形容詞・擬態語』（道路などが）乾燥している様子。「雪とげで、道（みぢ）なの、ぽんぽんじぐなってる」（雪がとけて、道なんか、からからに乾いている）

【ま】

ま『副詞』もう。いま。※①現在の状態では少しだけ不足する様。「まひとち物足りね」（もう一つ物足りない）②現在の状態に少しだけ付け加える様。「ま少し待ってけれ」（もう少し待ってください）〈明鏡国語〉。

まがす【撒-まか-す】容器の水などをこぼす。※「まがる」の他動詞形。「おじげっこまがしてしまた」（みそ汁をこぼしてしまった）

まがね【賄ない】①下宿、寮などで食事を作る人。賄ない人。②炊事。給仕。給食。

まかまかする うっかりする。油断する。へたをする。

まかまかで・まかまかじ『形容詞・擬態語』（態度が）はっきりしない。（動作が）鈍い。もたもた。「なんだて、まかまかでごど」（なんとまあ、はっきりしない人だ）、「まかまかでぐしてれば、置いでいがれるど」（もたもたしていると、置いていかれるよ）↓しこもこで、もかもかで

まがる【撒-まか-る】こぼれる。あふれる。「そんたに水入れだら、まがるど」（そんなに水を入れたら、こぼれるよ）

まぎ【巻】同族。血縁。血統。血筋。↓えんぞぐ

まぐび・まぎめ【巻き目】（身体）頭の旋毛（つむじ）。

まぐまぐで・まぐまぐじ『形容詞・擬態語』（まくまくする）めまいのような感じ。頭が混乱してイライラする様子。「車さよて、まぐまぐでぐなてきた」（車に酔って、目まいしてきた）、「こたごどさえれば、あだま、まぐまぐでぐなる」（こんなことをされると、頭、こんがらかる）↓うるうるで、へらへらで

まぐもぞ【莫妄想ｰまくもうぞうｰ】①あれこれ出来そうにないことを考え煩うこと。②うわごと。寝言。③たわごと。わけの分からないことば。「酒飲めば まぐもぞになるおな」(酒飲むと、訳の分からないことを言い出すもんな) ④無我夢中の様。「あまりどでんして まぐもぞなって逃げできた」(あまりびっくりして、夢中で逃げてきた) ※もとは禅家の語で、妄想することなかれという意。正しくない思いや、みだらな考えを持つことを戒めたものであったが、転じて「もうぞう(妄想)」そのものを言い、訳の分からない言葉、すなわち寝言、うわごとを意味するようになった〈秋田のことば〉。湯沢・雄勝では②と③意で用いられることが多い。

まぐらびぎ【枕引き】出産後七日目の祝い。七夜祝い。※その昔は(といっても、いつの年代か明確ではないが)籾俵(もみだわら)などに枕を載せ、これによりかかって行う座産で(これに対して現在は「臥産」)、七日間はその姿勢を保つ。七日目に枕を下げて横臥(おうが)したところから〈語源探究〉、しかし今では必ずしも七日目とは限らず、福島県内では二十一日目のお祝いとしている〈大辞典〉。→とごあげ

まぐらう【喰ｰまくｰらう】食らう。(酒を)飲む。※「食べる」の卑語。東北地方、新潟、山梨、長野で通用〈語源探究〉。

まぐりゃきゃし【喰ｰまくｰらい覆し】大食漢。穀潰し(ごくつぶし)。居候。※大食いするのに、それに見合った稼ぎのない者を軽蔑していう。キャシは「覆し」「倒し」で、限度を超えてそのことをすることによって無益な損失を与える人の意を添えるもの〈語源探究〉。→おおまぐらい

まぐれる【捲ｰまくｰれる】転がる。

まぐれんこ 体操の前転(前向きの回転)。

まげる　①（まげる）【負ける】値引きする。安くする。②（まげる）【撒-まけ-る】水があふれる。こぼす。放尿する。「しょべまげる」（小便をする）、「さげまげる」（酒をちらかす）、「みずまげる」（水をこぼす）③（まげる）【曲げる】（物や体や道理などを）まげる。方言ではないが、発音の仕方でこうも意味が違うので、比較のため取り上げた。「げ」は鼻濁音。④（名詞に付いて）言う。「うそまげる」「こしゃぐまげる」※「やじまげる」は別項参照。↓やじまげる

〈西馬音内盆踊り地口より〉〽貧乏タラタラ一升買いするたて　寝酒コやめられねぇ　ハアソレソレ　ふんどし質おえで　五合買った酒コ　猫ぁ来てみなまげだ

まじぇね　〖形容詞〗億劫がらない。物おじしない。こだわらない。※語源は、「ませる」（年齢の割に大人びる）か「交ぜる」（仲間に入れる、言葉を交わす）か、どちらかと関係ありそう。「あのわらし、なんたどごさ行ったたて、まじぇねおな」（あの子は、どんなところに行ったって、物怖じしない）

まじくて　↓ませくて

まじこい・まちこい・まぶて　〖形容詞〗まぶしい。まばゆい。※直接じっと見てはいけないもの、すなわち電灯、太陽、高貴な人あるいは美女などを見たとき、まばたく様をいう。「まばたく様」の「まじまじ」の「まじ」に、形容詞をつくる接尾語「こい」が付いて「まじこい」となった。地域によっては、「こい」が「ぽい」や「ぺ」に聞こえて「まじぽい」「まじぺ」になったりする。県内では由利地方だけが「かがぽい」「かがぽし」と言い、北陸、新潟、庄内など日本海沿いに共通している〈語源探究〉。「あば、まじこいがら、そごのカーテン閉めでけれ」（かあさん、まぶしいので、そこのカーテン閉めてちょうだい）

まじだじ →まぢだぢ

まじでる・まぢでる【待ぢでる】待っている。「えぎめでまじでるがら、むげにきてけれ」（駅前で待ってるから、迎えに来てちょうだい）→まじる

ましふんどし →むしふんどし

まじ（ぢ）ぼしぇ・まじ（ぢ）びやし〖形容詞〗待ち遠しい。※「待ちさびしい」「待ち久しい」の転化か。「はやぐ孫来ねがまじぼしえな」（早く孫が来ないか待ち遠しいな）

まじゃらぐまじゃらぐ〖感動詞〗くわばらくわばら（厄除けのことば、呪文詞）。※雷や地震などで、危険なときや驚いたときに、そこに居合わせた人たちが思わず口ずさむ。

まじら・まじから【まじくら】〖接尾語〗…とともに。…ごと。…ぐるみ。…のまま。※そのまま。そっくりの意。「箱まじら、けでやった」（箱のままくれてやった）

まじらまじらど〖副詞・擬態語〗まじまじ。じろじろ。眠れず目を開いている様。※視線をそらさずじっと、まじらまじら見つめられると気持ち悪い。「そたにまじらまじらど見ねでけれ」（そんなにまじまじと見ないでちょうだい）

まじる・まぢる【待ぢる】待つ。→まじでる

ませ【馬塞】（道具）馬屋（厩）の横棒。※厩栓棒（ませんぼう）ともいう。これは共通語だと思う。

ませくて・まじくて〖句〗待ち遠しくて。※「まちどおしくて」が中落ちした「まちくて」が転化したものであろう。「息子来るなませっくて、何度もおもでさ出でみだ」（息子がくるのが待ち遠しくて、何度も外に出てみた）〈雄勝〉。

まぢだぢ・まじだじ【町立ち】商店街や市場に買い物に行くこと。※タチは「たつ（立つ・発つ）」

で、出発する、出かけるの意。「まぢだぢして今帰ったどごだ」（町に買い物に行って今帰ったところだ）

まぢる　→まじる

まっか（植物）木の二股になっているもの。木の股。※股（また）の強調形。また→まった→まっか、に転化〈秋田のことば〉。

まつぼ【松穂】（海藻）マツモ。※ナガマツモ目ナガマツモ科の海藻。食卓には「焼きまつも」「乾燥まつも」の形でお目にかかる。ちなみに、モズクは、同じナガマツモ目のモズク科の海藻。→ぎばさ

までに【真体-まてぃ-に・真手に】『副詞』丁寧に。まじめに。倹約でつましく。「何させでも、までにやる人だなんし」（何やらせても、丁寧にやる人ですね）

まどう【償-まど-う】→まよう

まなぐ【眼】（身体）目。目玉。眼球。※「まなこ」の母音転化）

まぶ【間府・間分・真吹】（自然）軒先の雪庇。※軒先などに雪のかぶさって垂れたもの。内側にまくれて、なかなか落ちない。雪国ならではの言葉。登山用語では、山の稜線の風下側に庇（ひさし）のように突き出した雪の吹き溜まりをいう。

まま・まんま【飯】（食品）めし。ご飯。食事。※「こびまま」はおこげ、「あじぎまま」は赤飯。

ままざめ【飯-まま-仕舞い】食事の支度。※「ままこしゃ」ともいう。→みじゃしめ

ままで『接続助詞』①まるで（何々のようだ）。「ままで、死んだど、ひとじだ」（まるで、死んだと、同じだ）②おおかた。ほとんど。「ガスかがって、ままで見えねぐなった」（ガスがかかって、ほとんど見えなくなった）

まめ①【豆】（植物）マメ。②【肉刺】（身体）主に手のひらや手の指、足底などに、摩擦圧迫をうけ

てできる、豆のような水ぶくれ。※方言ではない。

まめ〘形容動詞〙①【忠実・実】まじめ。誠実。几帳面。「朝がら晩まではだらいで、まめだごど」（朝から晩まで働き通しで、働き者だねぇ《まじめだねぇ》）②【健-まめ-】体が丈夫なさま。元気。達者。「まめで暮らせよ」※前項と違って、アクセントは平坦。

まめになる ①お産をする。「娘が、まめになったので行ってみでくる」（娘がお産するので行ってみてくる）②元気になる。

まめのご【豆粉】（食品）きなこ（黄粉）。

まよう・まどう・まじょう【償-まよ-う】（金銭的に、あるいは物的に）弁償する。つぐなう。埋め合わせる。「貸したカネ、早ぐまよえ」（貸したお金、はやく返してくれ）、「借りた花瓶、ボコシテしまったので、まようべ」（借りた花瓶、割ってしまったので弁償しよう）※つぐなう意の「まどう（償）」と同形の語に「まどう（惑）」があり、これが「まよう（迷）」と意味が近似していることから、「まよう」につぐなうの意を生じたもの〈大辞典〉。

まるきのはっこ【まるきの葉】（植物）オオバコの葉。※オオバコの葉の形が、卵形・楕円形であることから、「まるき」の名が生れたらしい。幼少時代、兎のエサとして採ってくるのが子どもたちの仕事だった〈雑記帳〉。→ばっこ

まるぐ【丸く・円く】束ねる。結わえる。

まるくたおの【まるくた物】満足な物。ろくな物。※「まるくた」だけでは使われない。例えば、「まるくたごどね」「まるくたものね」のように、後に打消しを伴って一つの文となる。

まるげる・まるける【丸める】①まるめる。「自分で脱いだものは、ひとまとめに、まるげでおげ」（自

分で脱いだものは、一まとめに、丸めておきなさい）②まとめる。丸め込む。和解させる。「あのむずがしい縁談、うまぐまるけだもんだ」（あの難しい縁談を、よくまとめたね）

まんず・まんち【まず（先）二】〘副詞〙まあまあ。またね。※「まんちよぐきたなんし、ささ、あがってたんしぇ」（まあまあ、よくいらっしゃいました。さあ、おあがりください）「それじゃ、まんずな」（じゃあ、またね）

まんとうに【万灯に】〘副詞〙あかあかと。こうこうと。※月光や電灯が明るく照っているさま〈雑記帳〉。

【み】

みがげ【見掛け】①容貌。顔かたち。「あこなえの娘だば、みがけこえーがら、あちこちがら嫁もりゃにくる」（あそこの家の娘さんは、きれいなので、あちこちから嫁の話がある）②外見。うわべ。※標準語では、「人は見掛けによらぬ」「見掛け倒し」などのように使う。→つらつぎ、ぶり

みごなわ【稭縄】稭-みご-をなった縄。「ご」は鼻濁音。※「みご」とは、稲穂の芯。わらの外側の葉や葉鞘をむき去った上部の茎。

みじゃしめ【水屋仕舞い】食事の後片付け。食器洗い、収納。→ままざめ、みんじゃ

みじゃしり【水屋尻】①下水溜め。下水が流れる溝。②家格の低い家。「嫁こもらうなら、みじゃしりがら」

みず（植物）ウワバミソウ（蟒草）。※イラクサ科の多年草。高さ三十cm内外で、陰湿地に群生。若い茎葉は美味。「みず」というのは、湿地に生え茎が柔らかく水分が多く、ミズミズシイからであろう〈語源探究〉。

みずあぶり【水浴び】①水を浴びること。②（遊び）

泳ぐこと。水泳。

みずつき【水漬き】洪水。大水。

みずつく【水漬く】(川や堰のみずがあふれて家や田畑が)水浸しになる。浸水する。

みせじらがす 見せびらかす。「わぁばしええとげ(時計)もて、えっつも人さみせじらがす」(自分ばかりいい時計を持って、いつも人に見せびらかしている)※「見せて」「じらす」意。

みだぐね【見たくない】『形容詞』①みっともない。見苦しい。汚れている。恥ずかしい。「みだぐねまね、するな」②容貌がよくない。見目がよくない。

→めくしぇ

みっきゃ (道具)柳・竹で作ったごみ入れ。※語源探ったが見つからず。箕(み)、甕(かめ)とつながりあるか。

みでぁだ・みでぁんた『形容動詞』似たものにたとえる語。みたいな。じみた。「そただ子供みでぁだごど、言ったりするなよ」(そんな子供みたいなことを、言ったりするんでない)※①『接尾語』体言や活用語の連体形に付く〈広辞苑〉。②『助詞』形容動詞型に格変化する(みたいだろ・みたいだっ・みたいで・みたいに・みたいだ・みたいな・みたいなら・みたいだ)〈明鏡〉。

みどさがね →むぞさがね

みな・みながら【皆がら】『副詞』みんな。全部。すべて。そっくり。「が」は鼻濁音。「あただにあったりんご、みなくたてが、たまげだ」(あんなにあったリンゴ、全部食べたって?びっくりした)、「みながら、あづまれ」(みんな、集まれ)

みのごなし 意気地なし。臆病者。→じぐなし

みべぇ・みば【見栄え】みばえ。外観。体裁。

みまぎ【身巻】身内。族。※「まき」の中でもごく

身内の人の意。

みゃだれ・めだれ【前垂れ】前掛け。エプロン。↓めかげ

みれ 見なさい。※「見る」の命令形。「ほら見れ、知らねがらな」（それ見ろ、知ったこっちゃない）

みろ 見よう。※「見る」の勧誘形。「テレビ見ろ」（テレビを見よう）

みんじゃ【水屋】台所。炊事場。※もともとは、①社寺で、参詣人が手や顔を洗うために鉢を据えて水をたたえ、屋根などを設けたところ。②茶室の隣室に設けて、茶の湯の用意をするところ。一般に食器を洗うところ〈広辞苑〉。→みじゃしめ

【む】

むがっちら【向っ面】（身体）にくにくしい顔。見たくないほど嫌な顔。※顔の卑語。「横っ面」に対して顔の正面の意だが、向かい合っている顔をののしって言う語。「むかむか」の意が加わって、しゃくにさわる、憎らしいのニュアンスが加わった〈語源探究〉。

むがっつね【向う脛】（身体）すねの前面。むかはぎ。※向う脛（むこうずね）の卑語。「べんけのなぎどご（弁慶の泣き所）」ともいう。ムガッツネはムコウズネの強勢語。

むぎゃ【向かい】むかい側。

むぎゃどぎ・むげぁどぎ【周期（むかわり）時】①満一年目。②最初の誕生日。③誕生日 ※一ヶ年または一ヶ月がめぐってくることを「むかわり（周期）」という〈広辞苑〉。「おめだえのぼっこ、しぇだて生れだど思ったば、もうむぎゃどぎきたてぎゃ」（あなたの家のお子さん、せんだって生れたとおもったら、もう誕生日ですか、早いですねぇ）

むぐす【漏らす】大小便を粗相する。もらす。「ぐ」

は鼻濁音。

むぐれ・むぐりこ　食事。弁当。「むぐれむぐたが」（ご飯食べたか）※「むぐれ」（食事）を動詞にして、「むぐる」（食べる）としたものらしい。昔、山村地帯では稗（ひえ）・粟（あわ）が主体の飯はネバりがないため握りにくく、大きな葉などで包む。それをむぐって（むいて）食べるから、食事や弁当のことを「むぐれ・むぐりこ」という。

むぐれ【剥-むく-れ】意地っ張り。怒りんぼ。

むぐれる【剥-むく-れる】①腹を立てる、怒ってむっとした顔をする。「おらえの嫁コだば、ちょっと注意するどすぐむぐれるがら、困ったおだ」（うちの嫁は、少し注意するとすぐ怒るから困ったものだ）→えがばる、むちける　②はげる。むける。外皮がまくれ中身が出る。

むげぁどぎ　→むぎゃどぎ

むしず　→なまず

むしふんどし・むそふんどし（衣類）越中褌（えっちゅうふんどし）。※「むし」は、ふんどしの意の「まわし」→「まし」→「むし」と変化したと考える。「ふんどし」は「踏み通し」で、腰を低くして両足を踏み通した姿から付けられた。「越中ふんどし」の命名の由来は、大坂の越中という遊女によるとか、細川越中守忠興が採用したことによるなど、諸説あり。長さ三尺の小幅の布にひもを付けたふんどし。鹿角では「もっこふんどし」、津軽では「むそふんどし」など越中ふんどしの地方語は多数あり。→したおび

むしゃ・むしぇ・むせゃ〔形容詞〕①（炭などに火が）付きにくい。一筋縄ではいかない。面倒な。捗らない。「この炭、むしゃ」（この炭は、火が付きにくい）②長持ちする。なかなか減らない。「この薪、堅木（かだき）で、ながながむしぇな」（こ

の薪は、堅木なので、中々火持ちがいいね）③きたない。むさくるしい。不愛想な。「むしゃ面（つら）してる」（むっつりした顔をしている）※古典語の「むさし」（卑しい。下品だ。きたならしい。むさくるしい。〈広辞苑〉）が語源とされ、いろんな発音で全国で使用されているので、湯沢・雄勝だけの言葉ではないようだ。

むしらっと〖副詞〗おし黙って愛想のない様。むっつり。だまって。おとなしく。「ただむしらっとして、反抗している」（ただ黙ってむすっとして、反抗している）

むす【蒸す】①音を立てずに屁をひる。※いわゆる「透かしっ屁」のこと。こっそり内にこもるような放屁行為で、その際排出した臭気が、室内にこもるような感じから派生した語か。他人の屁の臭気には、鼻をつまんで顔をしかめるが、自分の臭いは気にしない。こんな古川柳も。「屁をひいて　おかしくもない　独り者」②風がなく、温度・湿度が高くて、暑さがこもるように感じられる。蒸し蒸しする。※この意味では方言でない。

むぞさがね・むどさがね・みどさがね・んどさがね【無慙-むぞう-さかない】〖形容詞〗かわいそうだ。ふびんだ。気の毒だ。※もともと、同じ意味で「無慙-むぞ-い」という語があり、これが「むぞさい」「むぞさかい」と変化して、これに「ない」が付いて「むぞさかない」となったと考えられる。「ない」は否定の語ではなく、形容詞などに付いて、その意味を強調する。例えば「はしたない」「切（せつ）ない」など。

むたっと〖副詞〗一所懸命に。じっくり。専心に。※要するに、余計なことは考えずに、真剣に取り組む、一心不乱に取り組む姿勢を表している。「明日は発表会だ、さ、むたっと練習するべ」（明日は発表会だ、

さあ、一所懸命練習しよう）→むったり

むちける・むつける【憤-むつ-ける】むくれる。ひねくれる。ふくれっ面して黙る。「あのわらし、何か言えば、すぐむちける」（あの子は、ちょっと注意すると、すぐむくれる）→えがばる、むぐれる

むったり『副詞』一所懸命に。じっくり。→むたっと

むどさがね →むぞさがね

むよが 六日（むいか）。※「むいか」の古形「むゆか」から「むよか」に転訛した。

むる【漏る】（水が）もる。

【め】

めおどす【目落とす・命-めい-落とす】息が絶える。死ぬ。※「目を落とす」と表現して、瞑目する、すなわち「安らかに死ぬ」ことを表したものだろう。「命落とす」は「落命-らくめい-」の訓読ともとれる。

めかげ【前掛け】前掛け。よだれ掛け。→みゃだれ
※「妾-メカケ-」とはアクセントが異なるので、注意しなければいけない。

めくしぇ・めぐせ【見臭い】『形容詞』不細工な。見苦しい。みっともない。「そんた言葉使って、めくしぇど」（そんな言葉つかうと、みっともないよ）
→みだぐね

めくそ【目糞】①（身体）目やに。※純粋な方言ではない。「目糞鼻糞を笑う」は、汚い「目やに」が「鼻くそ」を汚いと言って笑う意。要するに、自分の欠点には気が付かないで、他人の欠点をあざ笑うことのたとえ。また、あざ笑う者も、笑われる者も大した違いはないというたとえ。②ごく少量。ほんの少し。
「あど、めくそほどもね」（あと少ししかない）

めくそり【目薬】めぐすり。

めごい・めんけ『形容詞』めんこい。かわいい。「ご」は鼻濁音。

めしぇじらがす ↓みせじらがす

めためたじ『形容詞・擬態語』軟らかい。「あまり煮過ぎで、めためたじぐなってしまった」（あまり煮過ぎて、軟らかくなってしまった）

めためたど『副詞・擬態語』健康などの状態が悪い方向に進む様。「あだたけ、めためたど悪ぐぐなて、死んでしまた」（中風に中ったら、どんどんと悪化して、亡くなってしまった）

めだれ ↓みゃだれ

めちょめちょで『形容詞・擬態語』泣いてめそめそしている様子。

めっこまま【めっこ飯】炊き損ないの芯のある飯。半煮えのご飯。※メッコ（片目）をハンネ（半眠り）にとらえ、これをハンニエ（半煮え）にかけた〈語源探究〉。

めどかげる ↓めんどかげる

めねぐする【見えなくする】紛失する。無くする。「財布、どさえただが、めねぐした」（財布、どこにいったかのか、無くした）

めめ『幼児語』水。「ほら、めめ飲め」

めら・めろ 泣き虫。すぐべそをかく子。↓なぎみそ、めらめらで

めらし・めらしこ 女中。子守。奉公娘。※「女童（めわらし）」の「わ」が脱落したもの。

めらっと・めろっと『副詞』①一面に。すっぽり。「めらっと生えでる」（一面に生えている）↓べろっと② ②しまりがない様。間抜けた様。ぼやっと。ぼんやりと。「あまりめらっとしてねで、手伝え」（あまり浮かれてないで、手伝いなさい）③メソメソして。ベソかいて。↓めろめろ

めらめらで 『形容詞・擬態語』 子供が鳴きやすい様。めそめそ。「なんだて、めらめらでわらしだ」(何とまあ、泣いてばかりいる子どもだ) →なぎみそ、めら

めわらし 【姪童】 姪(めい)。

めんけ →めごい

めんけぐね・めごぐね 『句』 にくたらしい。「ご」は鼻濁音。「このがぎ あらげでめんけぐねなぁ」(この子ったら、暴れてにくたらしい) ※メンケに打消しの補助形容詞ナイが付いたもの。

めんこ ①甘やかされている子。よい子。お利口さん。「めんこだがら、これ持って行ってけれ」(いい子だから、これ持って行ってちょうだい) ②お気に入りの子、あるいは人物。寵児(ちょうじ)。

めんどかげる・めどかげる 【面倒掛ける】 世話になる。手数を掛ける。「こねだ、おらえのわらし、めんどかげでめんぶぐねがたな」(この間、うちの子が世話になってありがとう) →ぞせかげる、やきゃなる

めんぶぐね 【面目-めんぼく-無い】 『形容詞』 ありがとう。(感謝の意を込めて) すみません。申し訳ない。※本来「面目無い」は、人に合わせる顔がない、世間に顔向けできないほど恥ずかしい、といった意味。

めんめんこ・めめんそ・だまことり (遊び) お手玉遊び。※お手玉は、布切れで作った小袋に小豆などを入れたもの。歌に合わせて、お手玉を操る遊び。

【も】

もうやぐ 困惑。「もうやぐする」(どうしたらいいか、頭が混乱する)〈雄勝〉。

もかもかで・もかもかじ 『形容詞・擬態語』 (動作が) もたもたして。のろい。「おがもかもかじば、おめさなの頼まね、日―暮れるがらな」(あまりのろい

と、お前なんかには頼まない、日が暮れてしまうからな）→しこもこで、まかまかで、

もぐ【捥ぐ】ねじって取る。ちぎり取る。「ぐ」は鼻濁音。「リンゴをもぐ」※方言だと思って調べたら、普通の国語辞典に載っているので、方言ではないようだ。

もけづらがす かき回して探して散らかす。※「もっきゃす」と「ちらかす」の複合したもの〈本荘ことば〉。→ぶっちゃがます、もっきゃす

もげる【捥げる】切れる。ちぎれて離れ落ちる。「げ」は鼻濁音。「人形の手がもげる」※「もぐ」の自動詞形。

もこもこで・もこもこじ『形容詞・擬態語』着物などをたくさん着た様。着ぶくれなどして身動きがしにくい様。「このセーター着て、オーバー着たば、もこもこでくて、だめだけ」（このセーター着た上にオーバーを着たら、着ぶくれで、だめだっけ）

もじゃぐる【揉みじゃくる】もみくちゃにする。しわくちゃにする。「しくじった紙、もじゃぐてなげだ」（書き損ないの紙を、くしゃくしゃにして捨てた）

もじゃね・もじゃくたらね『形容詞』①散らかしてる様。乱雑だ。「あこなえのかがまだ、えのながもじゃねぐして、出でありぐ」（あそこの家の母さんったら、家の中を散らかして、出て歩く）、（東成瀬村・仙人の郷流『俳句・川柳』より）「もじゃね庭　初雪ふったば　あやえごど」②幼稚だ。無邪気だ。理非が分からない。思慮分別がない。「えーとして、もじゃねごどするな」（いい年をして、無邪気なことをするな）※擬態副詞モジャモジャに形容詞をつくる語尾ナイを付けて形容詞化したもの。→ごちゃごちゃで、もちゃもちゃで、やちゃくちゃで

もぞ 寝言。うわごと。※「もうそう（妄想）」から

か〈語源探究〉。

もそかさど・もそくそど『副詞』動作がのろい様。のろのろと。「毛虫がもそかさど這ってきた」（毛虫がのろのろと這ってきた）

もそけ・もそきゃ【むず痒い】むずがゆい。くすぐったい。※むずむずするようにかゆいことから。「せながもそきゃくて、こまる」（背中がむずがゆくてこまる）

もそふんどし →むしふんどし

もだら【揉んだ藁・持ち手-た-藁】（道具）わら（藁）を巻いて作ったたわし。

もちゃもちゃで『形容詞・擬態語』散らかっている様。「部屋の中、もちゃもちゃで」部屋の中が、散らかっている）、そんたもちゃもちゃで頭で、外さ出らえねべ」（そんなもさもさした頭で、外には出られないよ）※男女間のややこしい問題も「もちゃもちゃで話」と言ったりするが、湯沢・雄勝ではこのような問題はない。→もじゃね、やちゃくちゃで

もつ【持つ】子を産む。卵を生む。

もっきゃす・もっくりきゃす ①ひっくり返す。倒す。「しぇっかぐ楽しみにしてだ酒コ、もっきゃしてしまた」（折角楽しみにしていたお酒、ひっくり返してしまった）②かき回す。かき回して探す。〈雄勝〉。「箪笥の中をもっきゃして探した」（箪笥の中を掻きまわして探した）※元々、同じ意の「ぶっくりきゃす」があり〈大辞典〉、これが「もっくりきゃす」に転化して、さらに中落ちして「もっきゃす」に至ったものと思う。→もけづらかす、ぶっちゃがます

もっきり【盛切り酒】茶碗酒。ニッポン酒。酒販店での立ち飲み酒。「むぎゃのおどぁ、毎日角の店さ寄って、もっきりかげでくる」（向かいのとうさん、

毎日角の店に寄って、もっきりやってくる） ※同じ意味で「角-かく-打ち」という語がある（福岡県、佐賀県）。立ち飲みの升酒は、四角の升の角に口を付けて飲むことから。

もっけづら【物怪顔】面食らった顔つき。あきれた顔つき。けげんな顔つき。「なにもっけづらしてるなだ」（なんで意外な顔をしているの）

もっこ（道具）①運搬用の籠。※「もちこ（持ち籠）」の転で、方言ではない。主として竹やわら縄を編んで作ったもの。二人以上で土や肥料などを運搬するときなどに用いる。②物干し籠。※鳥かごのようなものを木で作って、縄を絡めて、洗濯物を掛けた。中に囲炉裏から取った炭火を入れたりする（東成瀬村の座談会記録より）。

もっこり『副詞・擬態語』①たくさん。どっさり。②盛り上がっている様。「ママもっこり盛ってけれ」（ご飯を大盛りにしてくれ）

もったな（衣類）負ぶいひも。ねんねこ帯。※語源は諸説あるが、いずれもすっきりしないので、編者は「守（も）り手綱（たづな）」ではないかと提唱する。

もったりまげだりする・もったりまったりする

『句』話を何度も変転させる。前言を何度もひるがえす。※「盛ったり撒（ま）げだり」から。器に盛ったり、反対に器のものを戻したりする煮え切らない行動で、なかなか決着を付けないことをいう。これを何度も繰り返すと、信用がなくなる。「決まった話、もったりまげだりする」（決まった話を、何度も掘り起こして繰り返す）

もどりだちん【戻り駄賃】帰り荷物。「炭運んで行って、もどりだぢんに、はだはだつけできた」（炭を運んで行って、帰り荷に、はたはたを積んできた）

ものもらい【物貰い】（身体）まぶたにできる、小さな腫れ物。麦粒腫。※「ものもらい」は主として関東地方で使われる。県内では「ほいど」あるいは「ほいどっこ」と言う。珍しくは、宮城では「ばか」と言う。→ほいど

もへ　おだて。おどけ。※語源には諸説あるが、おだてる意の「乗せる」の連用形の名詞化、「乗せ」の転化であろう〈語源探究〉。

もへあがる・もへたげる　調子に乗る。おだてに乗る。いい気になる。うぬぼれる。はしゃぎおどける。

もへこぎ・もへしょい　おだてに乗る人。「あのわらしは、もへしょいだ」（あの子は、おだてに乗る）※「へ」は「ふぇ」に近い。「もへしょい」は、「もへばごしょ（背負）い」から。

もへばご【もへ箱】裁縫用具・下着など、女性特有の所持品を入れる箱。

ももた【股ももた】（身体）太もも。※股（もも）の肉付きのよい部分。「ももたぶら（股臀）」の下略。たぶら（臀）は、股や尻などのふくらんだ筋肉の部分をいう。

もよう　装よそおう。身支度する。「さー時間だ、早ぐもよってでがげれ」（さー時間だよ、早く身支度して出かけなさい）※「催す」と同源で、準備する・用意する・用意して待つの意がある〈語源探究〉。

もろ・もろっこ　引き分け。勝負なし。※もろ（両・双）は、名詞の上に付いて二つ組になっている物の両方、双方の意を添える。「もろ手」「もろ刃」など。ここでは「もろ勝ち」の下略とする〈語源探究〉。

もろっと・もらっと〘副詞〙たくさん。どっさり。「畑さえてみだば、草もろっと生えでだ」（畑に行ってみたら、草がたくさん生えていた）

【や】

や『代名詞』（二人称単数形）おまえ。君。「やも、たえしたもんだなや」（君も、たいしたものだ）↓やら

やぁべに【いい塩梅に】『副詞』いいあんばいに。↓いあべに

やがしめぁ【喧-やかま-しい】『形容詞』やかましい。五月蝿い（うるさい）。余計なお世話だ。※「やがしめぁ」は「やがまし」の音位転換したもの。音位転換とは、語の内部で子音が入れ替わる現象〈大辞林〉。↓「わしら」の項。ところで、「うるさい」が、どうして「五月蝿い」になるのか。五月（陰暦なので、およそ現在の六月）の蝿は、ぶんぶん飛び回ってうるさいことから、戯れた当て字のようである。

やかめる・やっかめる うらやましがる。嫉妬する。ねたむ。そねむ。「おめ、やかめで、そういうごどしたんだべ」お前、やっかんで、そういうことをしたんだろう）※平鹿・由利などでは「やがねる」という。

やきゃかげる【厄介掛ける】面倒を掛ける。世話になる。↓ぞせかげる、めんどかげる

やきゃなる【厄介になる】宿や食事の世話をしてもらう。生活の面倒をみてもらう。

やげ【火傷-やけど-】やけど。※「やげなる」とは「やけどをする」の意。

やしぎへび【屋敷蛇】（ヘビ）家に住み着いたへび（青大将）。※ネズミを捕るなどして、その家を守ってくれるとの言い伝えあり。従って追ったりいじめたりしてはいけないとされる。↓あおのろし

やじね・やじゃね・やざね『形容詞』①だめだ。無理だ。「なんぼ話しても、やじね」（いくら話をしても

無駄だ）②気の毒だ。悲しい。「あば死んで、やじねごどした」（お母さんが死んで、気の毒なことだ）※「埒が明かない」の転化〈語源探究〉。く

やじまげる・やじする ①取り返しのつかないことをする。困ったことをする。失敗する。「大事な書類ねぐして、やじまげだ」（大事な書類をなくして、取り返しのつかないことをした）②困る。困ってしまう。「あまり口出しして、やじまげだ」（あまりにも口出しして、困ってしまった）③気の毒なことをする。失礼なことをする。「火事で丸焼げになったど、やじまげだな」（火事で丸焼けになったとよ、気の毒なことですね）

やしめる【卑-いや-しめる】あなどる。軽く見る。ばかにする。軽蔑する。ひやかす。※相手を自分より劣るものと見て、いじめたり、人前で辱めを与えたりすること。「としょりどご、やしめる」（年寄りを、見くだす）

やしゃおの【野菜物】やさい。

やせま・やしゃまこ・やせんまこ【痩馬-やせま-】①お年玉。お小遣い。心づけ。②背負子（しょいこ）（荷を背負って運ぶ用具）。※県南では「やしゃまこ」という。岩手（和賀）では「やせまこ」、青森（津軽）では「やへまこ」。どうして「痩せ馬」が「お年玉」になったのか、〈語源探究〉によれば諸説あり。①『秋田民俗語彙事典』正月には子どもに穴あき銭を松葉に通したものをお年玉としてンマコノゼニといって与えた。②『日本年中行事辞典』穴から松の葉が出ている形が馬のたてがみに似ていることからともいうが、銭を数える単位に匹といったので、少しばかりだと卑下して痩馬といったとも考えられる。③『秋田わらべ歌』やせ馬（姫小松の枝に穴あき銭を通して与えるお年玉）について「このやせ馬を畳の上に

立てて、両方からパンパンたたくと、これがピョンピョンとはね動き、途中でぶつかったり、それたりする。その時に、〈松こ松こ　どさいぐ　山のかげのおば家さ　餅しょって行く〉（雄勝町）とうたって遊ぶ。このような遊びを銭馬と称した。

やだがる【嫌がる】いやがる。※「嫌だ」という態度を表に出すこと。「がる」は「…という気持ちを外に見せる、態度を示す」意の接尾語。

やちゃくちゃで・やちゃくちゃねぁ〔形容詞〕①乱雑だ。ごちゃごちゃしている。「やちゃくちゃで髪してる」（乱雑な髪をしている）→もじゃね、もちゃもちゃで　②うるさい。やかましい。騒がしい。「ごごの店、やちゃくちゃでくて、おじじがね」（ここの店は、うるさくて、落ち着かない）

やっきゃかげる　→やきゃかげる

やっきゃなる　→やきゃなる

やっこい・やっけ【軟らかい】〔形容詞〕やわらかい。「豆腐はやっこくて、としょり食うに、一番え」（豆腐は柔らかいので、年寄りが食べるのには、一番良い）※ヤワラカイ→ヤワコイ→（促音化して）ヤッコイと転化した。促音化の例として、オッキ（大きい）、ボッキレ（棒切れ）など。

やづす【窶-やつ-す】①省略する。簡略にする。②文字をくずす。草書体で書く。③いいかげんにする。手を抜いてごまかす。④目立たぬ姿、あるいは、見すぼらしい姿に変える。

やっての　やってみなさい。※柔らかい命令調。→の

やってらんし　営業中です。仕事をしています。※店の「準備中」の看板は、準備中でなくても、休業中・定休日にも使う店がある。ちゃんと使い分けするべきだ。

やっとが・やっとがさっとが 〖副詞〗やっと。なんとか。辛うじて。「やっとが逃げてきた」（やっと逃げてきた）※「が」は詠嘆強意の副助詞。ヤットガに語頭を変えたサットガを重ねて、さらに語調を強めた〈語源探究〉。

やっぺ・やっぴゃ →えっぺ

やどり・あどり・えぁどり【相取（あいど）り】餅をつくとき、相方にまわる捏取（こねど）り。
※餅つきでは、つき手は男、アイドリはだいたい女である。つき手は左側にいて、アイドリは餅が臼につかぬようにするため、水（アイドリミズという、ぬるま湯）を手に付けて、餅つきの合間合間に湿りを打ち、餅をまとめたり返したり、なかなか忙しい。北海道、東北で通用するが、県内でもいろんな言い方がある。
「あえずら」「えぁんずら」（由利）、「やんどり」（平鹿）、「あんじゃとり」（北秋）など〈語源探究〉。

やなさって 明後日の翌日。明々後日。※東京や西日本での「しあさって」に相当する。秋田では、あした、あさって、やなさって、しあさって、の順。東京の方では、あした、あさって、しあさって、やのあさって、の順なので、約束の日など間違えないように。
（秋田）あした　あさって　やなさって　しあさって
（東京）あした　あさって　しあさって　やのあさって

やばち 〖形容詞〗①きたならしい。不潔だ。やることがきたない。「あれのやりがだは、なんだてやばち」（あいつのやり方は、ほんとに汚い）②濡れて冷たくなり気持ちが悪い。湿っぽい。「やばち着物脱いで、早ぐ着替えれ」（濡れた服を脱いで、早く着替えなさい）

やはにならね 〖句〗あてにならない。「あの人のいうごどなの、やはにならねど」（あの人の言うことなど、あてにならないよ）〈雄勝〉。

やみぁと　病人。※「やまいびと」から。

やみぁのがみ【疫病神】①疾病を流行させるという神。②人に忌み嫌われる人。

やめしぇ『句』やめなさい。※子ども同士の諍いのときなど、年長者が諫めるときに言う。「止めにする」の命令形「やめにしぇ」の中略。

やめなる・やんめぇなる【病-やまい-になる】困り切る。気が変になる。参ってしまう。「やるごどエッぺでやめなる」（やることが多くて困ってしまう）※「病気になる」ではなくて、「困り切って病気になりそうだ」という意味。

やめる【痛める】痛い。痛く感ずる。「ゆべな、歯ぁやめで、よぐねらえねがた」（ゆうべは歯が痛くて、よく眠れなかった）

やもの（食品）和え物。およごし。※「およごし」は「和え物」をいう女房詞（ことば）。「よごす（汚す）」には「あえる、まぶす」という意味がある〈広辞苑〉。「ごまよごし（胡麻汚）」は「ごまあえ（胡麻和）」のことだが、おひたしなどにごまを降りかけたものも「ごまよごし」という。

やや　①【家々】家々（いえいえ）。②【稚児】（「ややこ」の略）幼児。子ども。

やら【や等】『代名詞』（二人称複数形）お前たち。君たち。皆さん。※「や」の複数形。

やらしぐね・えぁらしぐね『句』かわいくない。憎たらしい。いけ好かない。※「愛らしくない」から。「隣の嫁だば、えぁらしぐねな。人ど会ったて、挨拶もしね」（隣の嫁は、可愛げないね。人と会っても、挨拶もしない）

やらほらど『副詞』忙しく。急いで。「雪降ってくるえだがら、やらほらど囲いやってしまった」（雪が降ってくるようなので、急いで冬囲いしてしまった)。

やるしび【やる術-すべ-】やる方法。

やんか・うんか・うんた【嫌だ】〖形容動詞〗いやだ。「えってけれど言われても、そぇだばやんか」(行ってくれと言われても、そんなの嫌だ)、「毎日雪振りで、うんたぐなる」(毎日雪振りで、嫌になる)
→うんか、うんた

【ゆ】

ゆい・ゆえ【結-ゆい-】相互扶助。労力の貸し借り。
※田植えなど、多くの人手が必要なときに互いに手伝い合うこと。→よい

ゆぎげだ【雪下駄】(履物)雪道用の下駄。※冬期間に雪道を歩くために、普通の下駄の歯を五割ぐらい高くしたもの。先端に爪皮-ツマカワ-が付いている。普通の下駄、足駄にもすべり止めの金具を付けたりする。

ゆぎしろみず【雪代水】雪解け水。※春先、山の雪がとけて、水かさを増して流れる川水のこと。「ゆきしろ」は、鎌倉期の「雪汁-ゆきしる-」からか。

ゆぎだまわり【雪玉割り】(遊び)雪玉の堅さを競う遊び。※雪玉を相手の雪玉にぶっつけて、先に割れた方が負け。じゃんけんで順序を決め、相手の雪玉を下に置き、そこに自分の雪玉をぶっつける。堅い雪玉をいかにして作るかに勝敗がかかっている。

ゆきっとする〖形容詞・擬態語〗熱気や人いきれでふらふらする。むし暑くてむっとする。「おらえのにぎゃなば、窓しまてで、ゆきっとする」(うちの二階は、窓が閉まっていて、むっとする)→ゆきゆきで②

ゆきゆきで・ゆちゆちで〖形容詞・擬態語〗①家がミシミシするくらいににぎやかな様子。「わらしだ走ってありて、ゆちゆちで」(子どもたちが走り

回って、家がミシミシする） ②ふらふらする。 ※ふらふら揺れるような気がする。湯あたりで、のぼせているような感じ。「長湯して、ゆきゆきでぐなてきた」（長湯で湯あたりして、ふらふらしてきた） →ゆきっとする ③太った人が体をゆすって歩く様。「あの母さんだば、スモドリみでぁに、ゆきゆきってありてる」（あの母さんたら、相撲取りみたいに、体をゆすって歩いている） →ぶぐぶぐで

ゆこや 銭湯。風呂屋。 ※お風呂を「ゆ」あるいは「ゆっこ」といい、その商売または施設を「ゆっこや」といった。

ゆじげる【言い付ける】①言い付ける。「ゆじげらえだごどは、ちゃんとやっておげ」（言い付けられたことは、きちんとやっておけ） ②告げ口する。

ゆちゆちで →ゆきゆきで

ゆづげ・ゆづげまま【湯漬け】（食品）お湯をかけたご飯。 ※冷たいごはんに湯をかけて、温めたり、ほぐしたりして、ぼだことつけおのをしゃっこにして食べた。

ゆっこ【湯っこ】お湯。風呂。温泉。

ゆっちがす・ゆつがす ゆする。揺り動かす。揺さぶりをかける。「栗の木ゆっちがして、栗コ拾ってきた」（栗の木をゆすって、栗を拾ってきた）

ゆっちめぐ・ゆっちめがす 大騒ぎする。「わらしたぢ、座敷でゆっちめがして遊んでる」（子どもたち、座敷で大騒ぎして遊んでいる）

ゆどの【湯殿】（住）浴室。風呂場。 ※古風な言い方で、方言ではなかった。 →しふろ

ゆべな【夕べ】昨夜。ゆうべ。

ゆりぎゃし【揺り返し】余震。 ※地震のあとに続いて起こる小さな地震、というのがこれまでの常識。平成二八年の熊本地震は、初震のあとに更に大きな本震

が起こるという現象だった。

ゆるぐね【緩くない】『形容詞』①容易でない。難しい。楽でない。つらい。「吹雪の中 運転するのもゆるぐねな」（吹雪の中運転するのも楽でないね）②厳しい。油断ならない。「あの人いっつもニコニコしてるども、中々ゆるぐね人だど」あの人いつもニコニコしているけど、中々油断ならない人だよ）↓よいでね

ゆるり【囲炉裏】いろり。※「いろり」と発音しているつもりだろうけど「ゆるり」と聞こえる。

ゆわぐ【結-ゆわ-える】結ぶ。

ゆわげる【言い分ける】①断る。事情を説明して辞退する。「花子どご嫁コさ欲しどて来てあたのも、ゆわげだはぁ」（花子を嫁に欲しいと言って来たけど、丁寧に断った）②謝る。詫びる。「おらえのわらし、隣のガラス割ったどて、一緒にえて、ゆわげできた」（うちの子どもが、隣のガラス割ったので、一緒に行ってお詫びしてきた）

【よ】

よあがり【夜上がり】田畑の仕事が終わって、夕方家に帰ること。一日の仕事の終わり。

よい・よえ【結】相互扶助。↓ゆい

よいでね【容易でない】『形容詞』楽でない。つらい。厳しい。重大だ。難しい。手ごわい。↓ゆるぐね

よが【夜蚊】（昆虫）蚊（か）。「が」は鼻濁音。※東北地方のほか北陸地方・長野県・岐阜県でも使う。蚊はブヨ（蚋）のことで、これと区別するため、夜出る蚊の意で夜蚊と言ったものか〈語源探究〉。

よがのすね 脚の細い人。※蚊の足のように細いすね。

よがのはし（植物）げんのじょうこ（現の証拠）。※服用すればすぐ薬効が現れるの意。フウロソウ（風露草）科の多年草。茎・葉は下痢止め・健胃に有効〈広辞苑〉。花が終わると長いくちばし型の果実がなり、それが蚊（よが）のくちばしに似ていることからか。

よぎ【夜着】（衣類）夜具の一つ。※着物のような形で、大形で厚く綿を入れたもので、寝る時に体の上に掛ける。今の毛布丹前みたいなもの。

よぐたがれ【欲たかり】欲張りもの。※「たかり」とは、上の語の極端な人。きちがい。

よげ・よぎゃ →えげ

よごちゃま 横。横向き。よこっちょ。

よごれる【濡-ぬ-れる】雨などに濡れる。「ご」は鼻濁音。※「汚れる」ではない。これは山形、福島（浜通）でも使われる。

よさぐまめ【余作豆】（植物）さやえんどう。絹さや。※主作物以外に作った豆。若いエンドウで、さやごと食べる。特に柔らかく軟化栽培したものを「絹さや」という〈広辞苑〉。

よしぇ〖形容詞〗か弱い。虚弱な。「あのわらし、ほがの兄弟だじどくらべで、よしぇな」（あの子は、ほかの兄弟たちと比べて、弱々しいね）

よだ〖形容動詞〗必要だ。欲しい。

よだもの・よだっこ ①不良。チンピラ。ごろつき。②弱い者。役立たず。力不足の人。「体ばし大きくても、よぐよぐのよだものだ」（体ばかり大きくても、さっぱり役に立たない）

よちゃまちゃど →えかまかど

よちゃよちゃで・よちゃくちゃで〖形容詞・擬態語〗足元があぶなげな様。よたよた。

よっぴて【夜っ引いて】〖副詞〗夜通し。一晩中。

「ゆべな、よっぴて酒飲んだば、今日あだまいでぁ」（昨日の夜、一晩中酒飲んだら、今日は頭痛い）※江戸語にもあり、ほぼ全国に通用するが、それぞれに独特の訛りがある。

よなげる・よねげる 無視する。知らぬふりする。「おらどごなば、よなげられでしまた」（おれのところは、無視されてしまった）

よのごど【余の事】関係ないこと。ほかのこと。

よばくしゃ【尿-ゆばり-臭い】小便くさい。「ふとんコよばくしゃがら、外さほしてけれ」（蒲団が小便くさいから、外にかけて乾かしてくれ）

よばる【呼ぶ】①呼ぶ。呼びかける。「もっとおっき声で、よばれ」（もっと大きい声で、呼べ）→さがぶ

②招く。招待する。

よま【夜間】よる。※朝間、昼間などと同じ言い方。

【ら】

らおどし【羅宇通し】キセルの管にたまったヤニを取ること。※「ラオ」は、（ラオスから渡来した黒斑竹を用いたから言う）キセルと火皿とを接続する竹管。稲の芯などを通した。

らってぁえ『形容詞』体格がいい。→なりえ

らんび【乱飛】『形容動詞』乱暴な様。無軌道な様。でたらめな様。いいかげんな様。「そんたらんぴなごどしねでけれ」※江戸語の「乱飛乱外-らんぴらんがい-」の下略〈語源探究〉。

【る】

るすぎ・ゆすぎ【留守居】留守番。※ユスギのユは、ルから子音交替したもの。

【れ】

れんしゅう【練習】乾杯の前に、早く来たものが注ぎあって飲むこと。※湯沢・雄勝ののんべえは、みんな揃って乾杯するまでは待ちきれない。「練習と言いつつ　飲み会始まります」（平成三十年「秋田おもしろ川柳」入選作品）

【ろ】

ろくたに【陸《ろく》たに】〖副詞〗ほとんど。まともに。ろくすっぽ。※下に打消しの語を伴って、物事を満足に成し遂げないさまをいう語。「宿題、ろくたにでぎでねしゃよ」（宿題、ほとんど出来ていないじゃないか）

ろぐでね【陸《ろく》でもない】〖形容詞〗なんの値打もない。つまらない。※「陸《ろく》」にはいろいろな意味があって、①平ら。水平（水平な屋根を「陸屋根」という）。②まっすぐ。③気持ちが安らか。④世の中が平穏。⑤物事がまとも。十分（あとに打消しの語を伴う）〈大辞典〉。ここでは⑤の意味のようだ。

【わ】

わ〖代名詞〗（二人称）お前。君。※「わ」は「我・吾」と表記するので、本来は一人称（僕、おれ）として使うのであろうが、湯沢・雄勝では二人称として使う。「まずわがらやれ」（まずお前からやれ）。一人称の使い方としては「やのごど棚さ上げで、よぐ言ったもんだ」（自分のことは棚に上げて、よく言うよ）、「わぁ腹ぬぐめる」（私腹をこやす）→おめ、や

わがじぇ【若勢】若者。下男。※文字の上からは複数であるが、一人でもワガジェという。各地の町や村に若勢団、若衆組などが組織され、地域の警防治安や

氏神祭礼などの任務を果たした。また一定期間の契約で雇われて働く下男を「若勢」と言った。直接に「わがじぇ売り」に行って雇用主を見つけることもあるが、秋の彼岸の中日と旧暦十二月二十五日の年二回ある「若勢市」に行って雇用主と契約を結ぶこともある〈語源探究〉。

わぎゃ・わげ【若い】『形容詞』若い。「わげごど七十過ぎでも言われます」（平成三十年「秋田おもしろ川柳」入選作品）

わげね【訳無い】『形容詞』かんたんだ。手間がかからない。たやすい。

わしら【悪さ】いたずら。※「わるさ」が音位転換（または音位転倒とも）して「わしら」になったと考えられる。音位転換とは、語の内部で子音が入れ替わる現象で、例えば、「あらたし（新し）」→「あたらし」、「したつづみ（舌鼓）」→「したづつみ」など〈大辞林〉。ただし「たね」→「ねた」は、単なる逆さ読み。

わしらっこ・うそっこ（遊び）本気でない遊び。※おはじきなどの取りっこをする場合、「ほんとっこ」か「うそっこ」＝「わしらっこ」かを決めてから遊び始める。「ほんとっこ」の場合は真剣にやり、「わしらっこ」の場合は気を抜いてやる〈雑記帳〉。↓ほんとっこ

わだし・わだしこ【渡し】（道具）コンロや七輪などの火の上に掛け渡して、餅や魚を焼くのに用いる金網。

わだぼっち（衣類）花嫁が被る真綿の被り物。

わだゆぎ【綿雪】（自然）綿をちぎったような大片の雪。のそりのそりと降る湿り雪。

わたわたど『副詞・擬態語』急いで。ぐずぐずしないで。※忙しく動く様子を表現。「わたわたど片付ける」「わたわたど走る」

わっかます 大げさにする。～以上する。「あれだば、おやじどごでね、わっかますなや」（あいつは、おやじ以上に油断ならない）、「わっかましてしゃべてる」（大げさにしてしゃべっている）

わっためぐ はげしく争う。言い争う。

わっぱ ①【童】男の子をののしって言う語。②【輪っぱ】輪の形をしたもの。曲げ物の容器。弁当。

わっぱが【割捗】①仕事の区切り。おしまい。割当て分。請負。仕事の持ち分。「杉根っコ、あど七本植えれば、わっぱがだ」。ただし、「わっぱが仕事」とは本来「請負仕事」だが、「やっつけ仕事」「ぞんざいな仕事」の意味にもなった。②お手上げなこと。手遅れなこと。「今頃気ぃ付けでも、あどわっぱがだ」、「あこの家の息子なば、わっぱがだ」（あすこの息子は、大変な困った男だ）〈語源探究〉。③亡くなること。死ぬこと。「杉の下のばっぱあ、わっぱが出げだどよう」（杉の下の家の婆様が、死んだそうだ）※この③の意味で使うのは湯沢・雄勝だけだと思う。ちなみに「亡くなる」意味では、丁寧な言い方がある。「杉の下の婆様、過ぎだんしどなあ」（杉の下のお婆さん、亡くなったそうだ）〈「雪國」四五号、伊藤武三氏〉。

わにる 恥ずかしがる。はにかむ。ためらう。

わやわやで『形容詞・擬態語』①騒いでうるさい様。②多くの人が集まってうるさい様。③頭が混乱する様。

わらし・わらしこ【童】子ども。

わらじしめ【草鞋締め】（草鞋をはいて旅に出発する時の）旅立ちの杯事（さかずきごと）。→はばぎはぎ

わらじぬぎ【草鞋脱ぎ】旅から帰った時の慰労会。

※本来、「草鞋を脱ぐ」は「旅行を終える」「旅館に

落ち着く」の意。↓はばぎぬぎ

わらわらど・わりわりど『副詞・擬態語』勢いよくどんどんと。さっさと急いで。強引に。無理矢理。「リヤカーどご、わらわらど押してけれ」（リヤカーを、思いっきり押してちょうだい）、「わらわらど仕事片づけれ」（さっさと急いで仕事を片付けろ）↓がえり、がりがりど、がりむりど、しゃりむりど

わり【悪い】『形容詞』①（面目）恥ずかしい。きまりが悪い。「きたね形（なり）して人前さ出るなんて、わりなや」（きたない恰好で人前に出るなんて、恥ずかしいなあ）↓しょし ②（謝罪）申し訳ない。ごめん。すまない。「こんたなごどして、世間に対してわりど思わねが！」（こんな事して、世間に対して済まないと思わないか！）↓ほりね ③（感謝）ありがとう。「こんたに貰って、わりな」（こんなにいただいて、ありがとうございます）

わりがる【悪-わる-がる】恥ずかしがる。

わりぐするど【悪くすると】『副詞』『句』ひょっとすると。もしかしたら。

わりしびしらね『句』厚かましい。※「悪がる術（すべ）を知らない」から。↓つらちけね

わんざに・わんざと『副詞』わざと。わざわざ。「それは、わんざにそごさ、おいだのだ」（それは、わざとそこに、置いたのだ）

【ん】

んか・うんか『形容動詞』いやだ ↓やんか、うんた

んが『代名詞』（二人称）お前。てめぇ。「が」は鼻濁音。※相手を見下して使う二人称の最卑称。湯沢・雄勝では殆んど使われない。複数形は「んがだ」。※出稼ぎの人たちの車中での話「んがだ、だんだん東京さちきゃぐなるがら、そろそろこのあだりがら『んが

だ』って、ゆわねこな『んがだぁ』」〈「雪國」四六号、伊藤武三氏〉。

んし『接尾助詞あるいは終助詞』～です。～します。※動詞、形容動詞などの後に付けて丁寧語とする。「しかだねんし」「行ぐんし」「んだんし」「んでねんし」↓ぎゃ

んた・うんた『形容動詞』いやだ。↓やんか、うんか

んだ『感動詞』そうだ。その通りだ。「んだ、おめぇのいうごど、まじがってね」（そうだ、お前の言うこと、間違ってない）※相手の言ったことに対して、その通りだという肯定の気持ちを表すのに言う言葉。

んだぁ・んだが　そうか。そうなの。

んだえて・んだがら　①『接続詞』だから。それ故。「んだがら、何度もゆったべ」（だから、何度も言ったでしょ）②そうだね。いかにもそうです。そうなんですよ。※会話の相槌で、相手への全幅の同意を表す。

んだぎゃ　そうですか。※「んだが」の丁寧語。語尾上げ。

んだごたら・んだごたば『接続詞』そうだったら。その通りであったら。「まじがってるって、言ったべ、んだごたらすぐなおしぇ」（間違っていると、言ったでしょ。そうだったらすぐに直しなさい）

んだごでぁ　そうだろうね。

んだでぁ・んだざぁ・んだじゃ　そうだよ。そうだね。※「んだ」を幾分強調した形。「んだざぁ」は稲川の川連地区で多用される。

んだたて・んだって『接続詞』そうは言っても。だって。でも。「んだたて、足いでくて走らえねがたおの」（だって、足が痛くて走られなかったもの）↓したたて

【ん】

んだのも・んだども 〖接続詞〗 そうなんだけれども。だけど。「会議では確かにそうゆてだ。んだのもそれは無理だど思う」（会議では確かにそう言っていた。だけどそれは無理だと思う）

んだびょう そうだと思う。↓びょう

んだべが そうであろうか。「石油ストーブよりガスストーブの方が毒だど、んだべが」（石油ストーブよりガスストーブの方が危ないんだと、そうだろうか）

んだべしゃ・んだべた そうだろう。そうですよ。当然だ。「んだべた、ああいう言いがだするがら、嫌われるなだ」（当然だ、あのような言い方をするから、嫌われるのだ）

んだべな そうなんだろうね。

んだら・んだば 〖接続詞〗 それでは。それならば。
※末尾になを付けて「んだらな」と言えば「さようなら」という意味になる。↓したら

んだんし そうです。（「んだ」の丁寧語）。

んでね・んでねんし そうではない。違います。

んどさがね ↓むぞさがね

んめぇ 【美味い】 美味しい。

んめぁおの ↓うめぉの

【参考・引用図書】 カッコ〈 〉内は、文中引用注記の図書略称。

秋田のことば、秋田県教育委員会、無明舎出版（平十三）〈秋田のことば〉

語源探究秋田方言辞典、中山健、同書刊行委員会（平十三）〈語源探究〉

標準語引東北地方方言辞典、森下喜一、桜楓社（昭六十二）〈標準語引〉

図説 湯沢の歴史、土田章彦、無明舎出版（昭六十）〈湯沢の歴史〉

方言雑記帳、佐藤伊世子、イズミヤ出版（平二十一）〈雑記帳〉

解説 秋田方言、北条忠雄、「解説秋田方言」刊行会（平七）〈解説秋田〉

秋田ことば再考、三木藤佑、イズミヤ出版（平十九）〈再考〉

あきた方言古代探訪、金子俊隆、無明舎出版（平二十八）〈古代探訪〉

あきた弁大講座、あゆかわのぼる、無明舎出版（平二）〈大講座〉

雄勝町の方言、雄勝町方言等調査会、雄勝町教育委員会（平五）〈雄勝〉

秋田県南地方の方言集、伊藤緑郎、イズミヤ出版（昭五十六）〈県南〉

湯沢の方言、小嶋正男、私家版（平二十六）〈湯沢〉

皆瀬村と佐治村の方言、皆瀬村公民館、皆瀬村公民館（昭五十）〈皆瀬〉

ふるさと成瀬の方言考、佐々木志朗、私家版（平二十三）〈成瀬の方言〉

仙人の郷方言集、方言収集活用推進委員会、東成瀬村教委（平二十八）　〈東成瀬〉
羽後町郷土史、羽後町教育委員会（昭五〇）　〈羽後〉
大舘方言語源考、小林繁春、よねしろ書房（昭五十九）　〈大舘方言〉
本荘・由利のことばっこ、本荘市教育委員会、秋田文化出版（平十六）　〈本荘ことば〉
秋田弁さまざま、河田竹治、私家版（平四）　〈秋田弁〉
秋田の淡水魚、杉山秀樹、秋田魁新報社（昭六〇）　〈秋田の淡水魚〉
食文化あきた考、あんばいこう、無明舎出版（平十九）　〈食文化〉
文芸同人誌「雪國」、雪國文学会、イズミヤ印刷　〈雪國〉
世界大百科事典・第二版・全34巻、平凡社（平十九）　〈世界大百科〉
日本大百科全書・全25巻、小学館（昭五十九）　〈ニッポニカ〉
日本国語大辞典・第二版・全14巻、日本大辞典刊行会、小学館（昭五十四）　〈大辞典〉
大漢和辞典・修訂版・全12巻、諸橋轍次、大修館書店（昭五十九～六十一）　〈大漢和〉
広辞苑・第6版、新村出他、岩波書店（平二十）　〈広辞苑〉
明鏡国語辞典・第2版、北原保雄、大修館書店（平二十二）　〈明鏡〉
大辞林・第3版、松村明、三省堂（平十八）　〈大辞林〉

根　本　俊　夫（旧姓 菊地）

昭和17年4月5日生まれ。
湯沢西小学校、湯沢中学校、湯沢高等学校および山形大学工学部で学んだあと旧東北肥料㈱に入社。関連会社を経て、平成15年定年退職、帰郷す。

現在：ＮＰＯ法人サポートセンター・ビーイング　理事・参与
　　　社会福祉法人横手福寿会 監事

秋田の 湯沢・雄勝弁あれこれ

平成三十年六月一日　初版第一刷発行

著　者　根　本　俊　夫
〒012-0852　秋田県湯沢市字荒町一八
電話　〇一八三（七三）四一一九
E-mail nemototo@khaki.plala.or.jp

発行所　イズミヤ出版
秋田県横手市十文字町梨木二
電話　〇一八二（四二）二一三〇

印刷製本　有限会社イズミヤ印刷
秋田県横手市十文字町梨木二
電話　〇一八二（四二）二一三〇

HP:http://www.izumiya-p.com/
✉:izumiya@izumiya-p.com

ISBN978－4－904374－32－0